ÉCLAIRCIES

SUR LES USAGES MAÇONNIQUES

Solange Sudarskis

3

Vagabondages maçonniques

TABLE DES MATIÈRES

NB. Pour épargner le lecteur souhaitant accéder aux références de la documentation sur le web, des liens avec frappe au clavier simplifiée ont été créés avec le logiciel *tinyurl.com*.

1 LES TRIPTYQUES MAÇONNIQUES

Le sens de l'initiation

La Franc-maçonnerie spéculative qui a été déclarée initiatique comme dans cet extrait de la Revue *Points de vue initiatiques* n°0 de 1958: «da Franc-maçonnerie est un ordre initiatique universel et traditionnel qui permet à des hommes de bonne volonté de participer à l'amélioration de la condition humaine, tant sur le plan spirituel et intellectuel que sur le plan du bienêtre matériel», ou dans les principes de la Grande loge de France (La Franc-maçonnerie est un ordre initiatique traditionnel et universel fondé sur la Fraternité), est aujourd'hui, cependant, pour le Grand Orient, une institution essentiellement philanthropique, philosophique et progressive, elle a pour objet la recherche de la vérité, l'étude de la morale et la pratique de la solidarité.
Il fut ajouté récemment: «Elle attache une importance fondamentale à la laïcité» (article 1er de sa Constitution).
Quant au DH, son objet est de «contribuer au développement moral, intellectuel, spirituel de ses membres, de promouvoir une réflexion philosophique et sociale et de réaliser des opérations d'aide, d'assistance et

de solidarité au moyen d'associations à but non lucratif» (art 2 des règlements généraux du DH). Les définitions contemporaines avancées par ces franc-maçonneries sont éthiques et civiques **ignorant a priori toute vision initiatique**. De fait, pas un mot sur l'aspect initiatique de la Franc-maçonnerie, cette société qui, pour Mircea Éliade, était la seule légataire de l'apport initiatique occidental.

Pour les Anciens devoirs il s'agissait de gravir l'échelle des arts libéraux comme une échelle initiatique qui permettait de connaître soi et le monde, la vie dans le réel, puis arrivé au sommet de ses arts voir le visage de Dieu (la connaissance) puis redescendre pour transmettre à ses Frères (le mot Sœur n'était pas encore utilisé faute de leur présence). En complément à cette échelle «libérale» une autre s'imposait: celle des vertus cardinales et théologales qui en toutes hypothèses offrent un retour sur soi et les autres.

Et pourtant, l'étymologie nous enseigne que le mot initiation veut dire «entrée», «commencement». René Guénon lui-même distingue «l'initiation virtuelle» de «l'initiation réelle», expliquant par la suite que «entrer dans la voie, c'est l'initiation virtuelle», «et suivre la voie, c'est l'initiation réelle»; les rites initiatiques représentant les deux aspects de la démarche initiatique maçonnique. Comme son nom l'indique, la connaissance spéculative est une connaissance par reflet alors que la connaissance initiatique effective est une connaissance directe, qui opère l'identification de l'être connaissant et du sujet connu, ce qu'est exactement la réalisation spirituelle.

Éclaicies sur les usages maçonniques

L'un est la mise en chemin, l'autre, le chemin et le but.[1] Toutes les maçonneries retiennent le premier aspect; c'est le but qui les différencie.

Ce n'est pas les opposer que dire que l'initiation, comme dans la Tradition Primordiale (siège la connaissance métaphysique), est la redécouverte des principes d'ordre universel dont toutes choses procèdent, découverte d'une expérience de caractère intime accompagnée d'une perspective de développement, expérience physico-psychologique, éveil de la conscience, intelligence du réel ou du caché, introduction aux mystères de la vie et de la mort, découverte de soi et des autres, cheminement sur la voie, quête d'identité et de sens. Elle n'est donc ni un acte religieux *stricto sensu*, ni un méta-récit politique, ni une psychanalyse. Le processus initiatique se développe sur le plan individuel, social, intellectuel, moral, psychologique et spirituel. L'initiation maçonnique présente quelques traits communs à toute initiation avec des spécificités et des variantes propres liées le plus souvent aux perspectives métaphysiques, spirituelles, culturelles, philosophiques et/ou psycho-sociales dans lesquelles le cherchant situe sa quête[2]. Les éléments

---

[1] *René Guénon et l'inition maçonnique*: <tinyurl.com/initiarion-effective>.

[2] Sous le nom d'Art Royal ou d'Art Sacré, les anciens sacerdoces Égyptiens professaient et pratiquaient tout un ensemble de doctrines qui ne sont parvenues jusqu'à nous que par quelques rares vestiges. Ces doctrines, dans leur ensemble, embrassaient tous les rapports de l'Homme avec la Nature, et leur pratique rendait l'initié Roi de l'Univers Matériel, d'où l'Art Royal. L'initiation n'était pas une science, car elle ne renfermait ni règles, ni principes scientifiques ni enseignement spécial. Ce n'était pas une religion puisqu'elle ne possédait ni dogme, ni

initiatiques et mystiques sont quasiment identiques, mais leurs dynamiques sont celles, dans un cas, d'une *discipline de l'intériorisation*, dans l'autre cas de l'exhaussement par l'effort d'une *recherche essentielle*. Ainsi les fonctions discursives seront mises de côté au profit des fonctions intuitives reposant sur la perception analogique ou la vision anagogique.

Comme sa grande famille anthropologique[3], l'initiation maçonnique est une accession à un stade nouveau «supérieur», s'opérant par étapes, par des cérémonies particulières, en référence à un discours, avec un double but **la socialisation et la symbolisation**. L'initiation maçonnique est donc à la fois une pratique, un développement et un corpus, qui passe (plusieurs fois et plus ou moins) par trois situations successives:
Le nourrissage qui consistait en l'extraction et la séparation des influences antérieures, la déconstruction; la formation qui confie les éléments de l'expérience des «connaissants», le vécu du mythe; la métamorphose qui projette l'impétrant dans une perception nouvelle, la transmission des arcanes.

---

discipline, ni rituel exclusivement religieux mais elle était une école où l'on enseignait les arts, les sciences la morale, la législation, la philosophie et la philanthropie, le culte et les phénomènes de la nature, afin que l'initié connût la vérité sur toute chose.

[3] La structure de l'univers dans ses différents plans était connue de peuples antédiluviens comme les lois du Manu (code secret de l'Atlantide) qui ont influencé Pythagore et Platon. Hérodote rapporte que cela provenait d'il y a 11340 avant sa naissance (environ 14000 ans avant notre époque).

Quoi qu'il en soit, le parcours se fait toujours d'un statut réputé inférieur à un statut réputé supérieur, de l'extérieur (monde profane, environnement exotérique, conscient, «anciennes connaissances») vers l'intérieur (monde sacré, ésotérisme, profondeur de la psyché, nouveaux enseignements), symboliquement de la mort vers la vie. Aussi, si les obédiences peuvent s'extérioriser quand elles le jugent utiles, si le maçon comme citoyen (et seulement comme tel) croit pouvoir «répandre à l'extérieur» des «vérités apprises» dans la loge, il est très difficile à l'initié de rendre compte de sa propre initiation[4].

La tradition est la transmission continue plus ou moins ritualisée d'un contenu culturel à travers l'histoire depuis un événement fondateur (réel ou mythique) ou de temps immémorial, lequel constitue un facteur d'identité, de cohésion et de légitimation d'un groupe. L'initiation maçonnique est donc par essence traditionnelle. Néanmoins, les concepts de tradition primordiale, de *Sophia perennis*, connaissance universelle d'origine non humaine théorisée entre autres par René Guénon (1866-1951) ou de traditionalisme religieux se légitimant dans une tradition révélée, relèvent de choix «idéologiques»; divers courants maçonniques s'y référant toutefois explicitement.

Si la notion des *origines* permet d'évoquer une source, celle-ci étant nécessairement *pure*, par rapport au flux postérieur des aléas humains, se pose la question de la

---

[4] Yves Hivert Messeca, *L'initiation maçonnique entre tradition et modernité*:<tinyurl.com/connais-toi-toi-meme>.

transmission, de la tradition et son évolution par l'actualisation elle-même.

L'initiation maçonnique

Remarquons que, quel que soit le rite, la cérémonie d'attribution d'un grade est à la fois une pratique, un développement et un corpus, c'est-à-dire un processus qui apparaît structuré en trois phases qui, normalement, devraient se dérouler dans des chambres différentes, même si cela n'est quasiment jamais réalisé faute de disponibilité de locaux.

Ainsi, excepté pour la singularité du premier degré, ces phases, où sont brouillés les axes chronologiques et topologiques, sont:

La Phase 1 se situe dans l'espace-temps de la loge du degré N du franc-maçon où il y a vérification des potentialités de celui-ci, donnant viatique pour poursuivre. Le franc-maçon, entré impétrant, une fois accepté devient récipiendaire.
La transformation des possibilités spirituelles de simple potentialité en virtualité devra s'actualiser par le travail initiatique pour permettre l'abolition de la distance entre le sujet et l'objet en vue d'une percée vers l'absolu. Cette transmission est un don/acquisition, la lumière que demande le franc-maçon lui est donnée; il la recevra si: **il en a la potentialité;** elle se fait virtuellement par **une organisation qui ordonne** et développe en loge, au moyen d'un rite, des symboles comme langage pour une

aurore de paroles; il poursuit progressivement **un travail personnel** par la méditation, l'analogie.[5]

L'évolution au sein des loges bleues suppose trois niveaux successifs de sens. Il faut tout d'abord **entendre**, c'est-à-dire se mettre en situation d'écoute pour enregistrer une parole, retenir un acte, imprimer un écrit; c'est un état d'être qui nécessite un exercice, un entraînement, une discipline. Il faut ensuite **comprendre** afin d'intégrer en soi ce qui a été reçu de l'extérieur; ce qui suppose, cette fois-ci, une herméneutique, c'est-à-dire une méthode d'interprétation qui permet de traduire le dépôt reçu en acte d'être. Il faut enfin **transmettre**, c'est-à-dire rendre compréhensible, non plus seulement à soi mais aussi aux autres, la chose reçue car il n'existe pas de témoin esseulé, de témoin solitaire. «La vérité commence à deux» écrit Nietzsche.

Dépouillement vestimentaire ou dépouillement des métaux sont des métanoïa[6] largement pratiquées au cours de cérémonies maçonniques au cours de cette phase. Se dépouiller de ses outils pour un franc-maçon, c'est **se libérer** des supports qui ont permis l'acquisition du degré de connaissance qui, si elle a été véritablement été acquise, serait alors intégrée à l'être. Pour pouvoir accéder à un degré d'ordre supérieur, il conviendrait que cette connaissance du franc-maçon **laisse la voie libre** à nouveau et par là, qu'elle se débarrasse de tout ce qui, maintenant, est devenu extérieur à l'être et qui gênerait

---

[5] L'analogie selon Aristote est la ressemblance qui guide et produit du sens. Le semblable est perçu en dépit de la différence, malgré l'apparente contradiction; elle permet de déployer la vision d'un monde pour le libérer.

[6] Dans la Grèce antique, la métanoïa signifiait «se donner une norme de conduite différente, supposée meilleure».

pour ce prochain passage, même si ces outils ont été nécessaires jusqu'alors.

La Phase 2 se situe dans l'espace-temps du mythe fondateur du grade N+1. Il y est développé par sa narration au récipiendaire, et par le vécu de personnages du mythe, au cours de jeux de rôles alternatifs manifestant l'enseignement du grade. Cette époptie[7] véhicule la légende du mythe par l'incarnation et les épreuves. Le Temple sert de repère mais aussi d'autres lieux comme la traversée du Jourdain, l'enceinte du temple lors de l'assassinat d'Hiram, la campagne où se fait la recherche du corps d'Hiram, le pont enjambant le Starbuzanai, … À ce moment-là, il existe un phénomène d'assimilation par une identification psychologique qui s'établit entre la personne qui fait le jeu de rôle et l'archétype mythique[8]

On remarquera qu'au Rite Philosophique Français, lors de la cérémonie d'élévation au 3ème degré, un tapis est déroulé où figure l'espace du Temple de Salomon. La narration du meurtre se rapporte à l'orientation du lieu

---

[7] Genre littéraire de la nouvelle fantastique pour donner la représentation théâtrale des mythes pour un l'enseignement d'un secret à partir des jeux scéniques.

[8] On parle d'interaction goffmanienne. Erving Goffman a mis en évidence le rôle moteur de la relation à l'œuvre dans l'interaction. Ce ne sont ni les structures qui déterminent les acteurs, ni les acteurs qui engendrent les structures, mais une relation cognitive qui constitue le moteur d'un processus de subjectivation et de socialisation. (Céline Bonicco, *Goffman et l'ordre de l'interaction: un exemple de sociologie compréhensive*: <tinyurl.com/Goffman-interaction>.

mythique, le Temple de Salomon, et non à celle de la chambre du lugubre de la loge.[9]

La Phase 3 se situe dans l'espace-temps de la loge au degré N+1, où la transmission des arcanes du nouveau degré (les nouveaux outils du chemin initiatique) est dévolue au récipiendaire pour lui permettre, à partir de ces arcanes, un travail personnel par la méditation. Le franc-maçon est devenu néophyte dans ce nouveau grade. Cette phase compte toujours un serment solennel.

La symbolique maçonnique permet aux maçons de signifier ce qu'ils pensent et ce qu'ils font. Le symbolique maçonnique est donc la représentation collective codifiée des maçons. Ainsi, l'initiation maçonnique se déploie dans une culture spécifique définie comme un système symbolique structuré autour et par le langage (mots, formules, récits, gestuelles, sensations, discours, chants, concepts, mythes, etc…) dans lequel chaque symbole/signe prend sens selon une logique d'opposition/tri/réaction/complétude réductible le plus souvent (mais pas toujours) au binaire (masculin/féminin, noir/blanc, bien/mal, Soleil/lune, deux colonnes B. et J.) ou au ternaire (triangle/triangulation; soleil/lune/vénérable; sagesse, force, beauté; …). La pensée symbolique autorise donc la

---

[9] Hiram, après avoir visité les travaux, dirigea ses pas vers la Porte Est où il y trouve le premier des Compagnons. Hiram chercha son salut dans la fuite et tenta de s'échapper par la Porte Sud. Le trajet se finit toujours à l'Orient de la chambre funèbre mais c'est l'ouest sur la reproduction du Temple de Salomon qui est placé au sol sous forme de tapis.

découverte des domaines inexplorés par la pensée dialectique, en rassemblant les opposes.[10]

Il est habituel dans le cadre de l'initiation d'apporter à l'initié un référentiel symbolique traditionnel qui ne peut que lui être proposé; cela ne devrait pas être de manière définitive, mais plutôt comme une invitation à parcourir son propre chemin, dont la pertinence ne lui apparaîtra que plus tard.

«Il est évident que les **trois premiers degrés de la maçonnerie symbolisent la vie de l'homme**. Le premier degré le prend au sein de sa mère, et le conduit jusqu'à l'adolescence; le second degré le représente dans l'âge de la force; et enfin, le troisième le montre dans la vieillesse et le mène jusqu'au tombeau, d'où il semble, en quelque sorte, surgir de lui-même dans la génération qui lui succède»[11].

Retenons quelques véhicules de la transmission initiatique **le symbolisme, le Rituel, le Tableau de Loge, les épreuves le rôle fondateur du Vénérable, le rôle des maîtres ...**

---

[10] Yves Hivert- Messeca, *L'initiation maçonnique entre tradition et modernité:*: <tinyurl.com/entre-initiation-et-modernite>.

[11] Avant-propos du *Rituel des trois premiers degrés selon les anciens cahiers, pour le Rite Écossais ancien et accepté*, daté de 5829, p.62: <tinyurl.com/Rituel-REAA>.

2 TROIS POINTS, C'EST TOUT

Pourquoi trois points?

Dans les arcanes spirituelles, on trouve les trois points en kabbale où ils sont utilisés triangulés, en remplacement parfois du tétragramme (des 4 lettres, ils n'en retiennent que 3 primordiales, la lettre hé apparaissant deux fois, le targoum chaldaïque le rend par trois yod, ''''). Dans l'alphabet hébraïque, le ségol est la voyelle «é» écrite par 3 points (א se prononce [ɛ], comme *brève)*. Cette structure qui n'est pas une lettre, symbolise par sa forme (un triangle dont le sommet se dirige vers le bas) le parfait équilibre de l'être au sein de l'harmonie universelle. Le Ségol inversé (un triangle dont le sommet se dirige vers le haut) est appelé le ségoltah, il forme avec le ségol la *Maghen David*, l'étoile ou le bouclier de David, symbole du libre-échange entre notre monde et les Mondes spirituels.[12]

---

[12]Éric Daniel El-Baze, *Les Racines de l'existence, La Kabbale du dévoilement*, à partir de la p.55: <tinyurl.com/la-kabbale-du-devoilement>.

Pour Reuchlin, les trois points sont à mettre en relation avec les trois plus hautes séphiroth de l'Arbre de vie, Kéther, Hochmah et Binah. Le mysticisme maçonnique les identifie au ternaire Sagesse, Force, Beauté.

Cependant, Albert G. Mackey écrit dans son *Encyclopédie de la Franc-Maçonnerie*... **Les trois points ne sont pas un symbole, mais simplement une marque d'abréviation**. La tentative, donc, pour le faire remonter aux trois yods hébreux, un signe kabbalistique du Tétragramme, ou tout autre symbole ancien, est futile. **Il est une abréviation, et rien de plus**; bien qu'il soit probable que l'idée était suggérée par le caractère sacré du nombre trois comme nombre maçonnique, et **ces trois points pourraient faire référence à la position des trois officiers d'une loge française.**
Ragon dit que la marque a d'abord été utilisée par le Grand Orient de France dans une circulaire du 12 août 1774, dans laquelle on lit "G∴O∴ de France."[13] Pourquoi pas? Mais s'ils ne sont qu'abréviation, alors il y a contradiction dans le propos d'Albert Mackey qui suppose également qu'ils renverraient à un sens sous-jacent et donc symbolique!
On n'échappe pas en Franc-Maçonnerie au symbolisme!

Les trois points disposés en triangle équilatéral, ou triponctuation sont encore aujourd'hui employés **pour identifier une signature comme celle d'un franc-maçon**, ce qui a valu aux maçons d'être appelés «**frères trois points**».

---

[13] Albert G. Mackey, *An encyclopedia of free masonry and its kindred sciences...*, p. 785: <tinyurl.com/mackey-trois-points>.

Les trois points proviendraient du compagnonnage où ils paraissent avoir symbolisé le triangle. L'Union Compagnonnique a conservé l'usage des trois points en triangle, alors que la Fédération Compagnonnique utilise les trois points placés en équerre. Enfin, l'association Ouvrière a abandonné la triple ponctuation pour un point unique après chaque initiale.

La forme des trois points n'est pas toujours en triangle dans les signatures des francs-maçons, notamment on note **trois points en ligne entre deux traits** en 1760 (les deux traits représenteraient les 2 colonnes)[14]. Cependant dès 1701, à Brest, l'huissier René Le Corre signe avec trois points en ligne entre deux traits[15].

En 1764, le 18ème jour de la 3ème semaine de mai, sur le *Livre des registres* de la respectable loge de la Concorde à l'Orient de Beaucaire, la triponctuation apparaît déjà pour abréger des mots[16]. Mais l'orientation de la forme triangulaire n'est pas fixée, le sommet est dirigé tantôt vers le haut, tantôt vers le bas. À la même époque, en Italie on utilise seulement deux points à cet usage[17]. **Qu'importe la forme pourvu qu'il y ait des points!**

En même temps qu'il devenait l'un des éléments de la signature, ce ponctème fut fixé en forme triangulaire,

---

[14] À partir de la page 283 de *La franc-maçonnerie en France des origines à 1815* de Gustave Bord: <tinyurl.com/Gustave-Bord>.

[15] André Kervella, *Aux origines de la Franc-Maçonnerie française, 1889-1750*: <tinyurl.com/origines-FM-francaise>.

[16] Livre des registres de la respectable loge de la Concorde à l'Orient de Beaucaire, p. 5: <tinyurl.com/livre-des-registres>.

[17] Ibid, p. 39.

sans doute pour des raisons d'ordre symbolique, probablement issues du delta lumineux (comme on le voit sur la signature de Lafayette sur le tableau de la loge Les Trois Jours, 1832; on remarquera l'abréviation du mot loge sous forme de rectangle).

Cette figure a été introduite dans les imprimés à partir de 1775, (après être apparue vers 1771 et sera généralisée à partir du XIXe s.), **pour marquer une abréviation de certains mots appartenant, certes, au vocabulaire profane mais qui sont utilisés de manière spécifique en Franc-Maçonnerie.**

Il est d'usage, dans l'échange écrit, d'utiliser, pour les mots symboliques, des abréviations, écrites avec majuscules et suivies de trois points disposés en triangle. Les initiales doivent être réservées aux mots symboliques.

Pour marquer le pluriel, on double la lettre initiale: Frères, Sœurs: FF∴, SS∴Ainsi, les officiers apparaissent dans les textes comme: Vén∴ (Vénérable), Orat∴ (Orateur), Secr∴ (secrétaire), Surv∴ (Surveillant), Gr∴ Exp∴ (Grand expert), M∴des Cér∴ (Maître des Cérémonies), Très∴ (Trésorier), Hosp∴ (Hospitalier), Couv∴ (Couvreur). En signe de grand respect envers les dignitaires, on triple les premières lettres, exemple: Très Puissant Grand Commandeur: TTT∴ PPP∴GGG∴CCC∴.

On trouve même la triponctuation associée avec l'abréviation du mot Loge (sous forme de rectangle) comme sur la tombe de Théodore Verhaegen.[18]

Au «Rite Moderne d'Adoption» les trois points sont remplacés par cinq points[19].

---

18 *Hommage funèbre à Verhaegen*: <tinyurl.com/tombe-Theodore>.
[19] Edmond Mazet, *Notes sur l'alphabet maçonnique*: <tinyurl.com/images-alphabet>.

3 LE CHIFFRAGE DE L'ALPHABET MAÇONNIQUE

Il existe un cryptage kabbalistique de l'alphabet hébreu nommé *Aïq Bekar* qui utilise 9 chambres avec un ou deux points pour différencier chacune des 3 lettres se trouvant dans chaque portion (les lettres sont placées dans l'ordre de droite à gauche). Évoqué par Albert G. Mackey dans son *Encyclopédie de la Franc-Maçonnerie…*, au mot «cipher», ce procédé est documenté par Spartakus FreeMann[20]. Cet alphabet aurait inspiré l'alphabet maçonnique.

L'alphabet maçonnique est un alphabet crypté, qui remplace chaque lettre à écrire par la forme d'une portion du carré de Saturne (3 x 3) ouvert, ou d'une croix de Saint-André dans laquelle elle se trouve. Ce système n'est pas sans rappeler la numérotation cistercienne. C'est la forme géométrique dans un espace dédié qui représente sa valeur.

De nombreuses variantes existent, documentées entre autres, dans *Systèmes de cryptage maçonnique* de Philippe Langlet, éd. de La Hutte.

---

[20] *L'Aïq Bekar ou Kabbale des Neuf Chambres* par Spartakus FreeMann. <tinyurl.com/alphabet-des-neuf-chambres>.

Éclaicies sur les usages maçonniques

La source la plus probable semble être le *Khatam Pharouq ou Sceau Rompu* publié en 1745: «L'écriture Maçonne réunit à la même simplicité l'avantage d'être une écriture universelle et propre à toutes sortes de langues. Ce merveilleux alphabet consiste en deux lignes parallèles perpendiculaires, coupées de deux lignes horizontales aussi parallèles, ce qui forme au milieu un quarré régulier, quatre quarrés ouverts et quatre angles égaux. Toutes ces divisions forment neuf cases, tant ouvertes que fermées». Pour compléter l'alphabet on utilise deux droites qui se coupent en croix de St André donnant 4 cases. Il existe plusieurs alphabets maçonniques qui placent différemment les lettres dans les 13 cases (1748, 1791, *original english, improved english, original continental, United states….*).

C'est pourquoi on l'appelle l'**alphabet *pigpen***. Le terme de *parc à cochons* vient de la manière de préparer les symboles utilisés pour substituer les lettres. On trace en effet des enclos dans lesquels est placé l'alphabet. Il suffit ensuite de copier la zone correspondant à la lettre désirée. Ainsi, pour prendre des exemples concrets de l'alphabet maçonnique actuel numérique, les lettres a et b se construisent à partir de la case en haut à gauche, tronquée dans laquelle elles se trouvent. La lettre "a" prend comme clé la case vide; le "b" étant la lettre suivante, on inscrit un point dans cette même case. Le "c" sera la case suivante, un carré ouvert vers le haut, le "d" … On alterne case vide et case pointée; la lettre U aura la forme de la partie gauche de la croix de St André , le V aura la forme.. d'un V.

Dans les écrits, **l'abréviation du mot loge** est la lettre L codée en alphabet dit français de 1804 (dans lequel on remplace l'absence de lettres j par le i; k par le c; v et w par le u), figurée par carré (ou un rectangle) avec, ou pas, un point en son milieu. Au pluriel, le mot "loges" s'écrit avec 2 carrés entrelacés que l'on retrouve sur certains pin's.

Souvent, les lettres M et B brodées sur les tabliers de maître sont remplacées par leur cryptage.

En rassemblant ce qui est épars, c'est-à-dire les deux structures, on obtient une figure renfermant toutes les formes des lettres de notre alphabet, ainsi que nos chiffres [qui se sont arrondis à l'usage].

Combiner les lettres avec des carrés magiques -tel celui utilisant le carré magique de Mars 5x5 d'Agrippa)- pour donner leur position ordinale dans une phrase avec un alphabet maçonnique -tel le numérique- permet de coder un message mystérieux (sans espace entre les mots cependant).

11	24	7	20	3
4	12	25	8	16
17	5	13	21	9
10	18	1	14	22
23	6	19	2	15

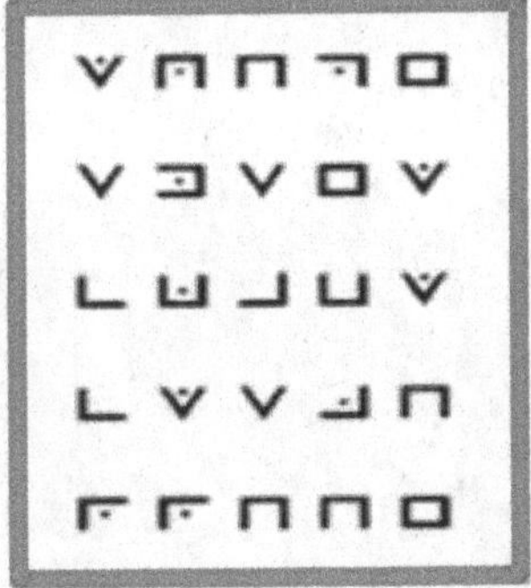

Sois droit et habite ton corps

Quelques alphabets maçonniques

Les hiéroglyphes qui cryptent les lettres et les nombres varient selon les lieux, les époques et les grades.

Consulter le remarquable travail de recherche de Gustave Bord dans son livre *La franc-maçonnerie en France des origines à 1815*, Tome1[21].

---

[21] Gustave Bord , *La franc-maçonnerie en France des origines à 1815*: <tinyurl.com/formes-alphabets>.

4 LES CALENDRIERS MAÇONNIQUES

Faire date, c'est installer un récit dans un espace, c'est lui trouver un lieu pour que ça se raconte, pour qu'on s'en souvienne et pour qu'on y revienne afin de le commémorer.

Le 9 août 1564, par l'édit de Roussillon, le roi Charles IX impose le 1ᵉʳ janvier comme point de départ obligatoire de chaque année, manière d'uniformiser et de mettre de l'ordre dans son royaume en pleine guerre de religion. En 1582, un nouveau calendrier naît: le calendrier dit grégorien, du nom du pape Grégoire XIII (pape de 1572 à 1582). C'est ce calendrier qui est toujours en vigueur aujourd'hui. Mais, La Grande-Bretagne et les pays protestants n'adoptèrent le calendrier grégorien (décrété en 1582) qu'en 1752, préférant, selon l'astronome Johannes Kepler, *«être en désaccord avec le Soleil, plutôt qu'en accord avec le pape»*.

1789, révolution française et révolution dans les calendriers! Le 22 septembre 1792, la Convention proclame la République. Symbolisant une rupture avec l'ordre ancien, le début de la nouvelle ère est fixé au 22 septembre 1792 qui devient ainsi le 1er vendémiaire an I. Chaque année commence le jour de l'équinoxe d'automne, moment où la durée du jour est égale à celle de la nuit, ce qui, selon les années, peut correspondre au 22, 23 ou 24 septembre, date qui est fixée par décret. L'année est divisée en douze mois de trente jours, eux-mêmes divisés en trois "décadi " de dix jours (pour supprimer toute référence biblique à la semaine de sept jours), suivis de cinq jours complémentaires appelés aussi «sans-culottides». L'année bissextile est appelée «franciade» et le jour rajouté tous les quatre ans, jour de la Révolution. La France est la seule à avoir ce calendrier! En 1805, un retour à l'ancien système devient nécessaire: la France doit avoir le même calendrier que le reste de l'Europe. Le 1er janvier 1806 (11 nivôse an XIV) marque ainsi l'abandon du calendrier révolutionnaire pour le calendrier grégorien.

Au REAA, dans les loges bleues, on obtient la valeur de l'année dite **vraie année lumière** en ajoutant 4000 ans au calendrier chrétien. C'est le Révérend Uscher, prélat anglican du XVIe qui a donné cette date. Les *Constitutions d'Anderson* reprennent à peu près cette datation. Il convient d'utiliser le calendrier Julien faisant commencer l'année le 1er Mars (car c'est le mois du Bélier, 1er signe du Zodiaque), pour cela, il faut décomposer les éléments de la date, ***on n'emploie pas les noms des mois courants, seulement leurs quantièmes***. Ainsi, le 11 février 2022 ère vulgaire (*anno domini*) devient le 11ème jour du 12ème mois de l'année de la Vraie Lumière 6021; le 18 avril 2022 est le 18ème jour du 2ème mois de l'année de Vraie Lumière 6022 (***anno lucis***).

En fait, Anderson fait débuter l'ère maçonnique, non il y a 4000 ans mais bien il y a 4003 ans. Il s'agit d'une chronologie qui se rapporte à la création du monde.

Selon cette chronologie adoptée depuis le XVIIe siècle, la création du monde aurait eu lieu en l'an 4004 avant notre ère (selon l'évêque irlandais James Ussher repris dans son ouvrage *Chronology* daté de 1611). Anderson fait donc coïncider symboliquement le début de la Franc-maçonnerie avec la création du monde sans exclusive maçonnique. La date de «*anno lucis*», qui est apposée sur tous les documents maçonniques, n'est qu'un mythe philosophique, symbolisant l'idée qui relie analogiquement la création de la lumière physique dans l'univers avec la naissance de la lumière maçonnique ou spirituelle et intellectuelle chez le candidat.

Il y eut, au fil des siècles, plusieurs chronologies arrêtées: 3761 ans avant la naissance du Christ par Jose Ben Halatt, 3952 ans par Bede, 4000 ans par Isaac Newton.

D'une façon générale, les loges françaises et allemandes utilisent «en l'an de la Vraie Lumière» ou l'*anno lucis* pour faire remonter symboliquement l'origine de la Maçonnerie à la création du monde selon la tradition biblique. L'emploi des mois hébraïques est aujourd'hui sorti d'usage (sauf parfois au Rite Écossais).

Ce style n'est pas accepté partout: les maçons écossais emploient parallèlement, surtout aux Hauts Grades, en même temps que les mois hébraïques, un calendrier utilisant la chronologie juive, l'**anno hebraico** ou l'**anno mundi**. Ce calendrier commence mi-septembre et il faut ajouter au calendrier grégorien 3760 ans jusqu'en septembre ou 3761 ans postérieurement.

Le Rite Ancien et Primitif de Memphis Misraïm définit le début du calendrier en l'an 1292 avant notre ère vulgaire, qui correspond à l'accession au trône de Ramsès II. Il s'appuie aussi sur le calendrier de l'Égypte antique, (également appelé **calendrier nilotique**) basé sur les fluctuations annuelles du Nil et qui avait comme but premier la régulation des travaux agricoles au cours de l'année. On trouve dans ce rite que l'année commence au 29 août en ajoutant 1291- correspondant au couronnement de Sethi1- d'autres proposent 1294 année de la construction du grand temple d'Abydos et de son Osiréion. Dans le Rite de Misraïm (officiel) il débute en l'An 1356 avant notre ère, date présumée du début du règne du 9e pharaon de la XVIIIe dynastie, sous le nom d'Akhenaton. L'anniversaire de la mort d'Osiris (nombre d'auteurs voient dans la mort de ce dieu l'origine du mythe d'Hiram), était fêté en Égypte ancienne le 17ème jour du mois d'Athyr (du nom de la déesse Hathor).

Au grade de Royal Arch, la date du point de départ du calendrier est celle du début de la reconstruction du Second Temple par Zorobabel, date fixée à 530 avant J.-C. C'est l'***anno inventionis***. Au grade de *Royal and Select Master*, le point de départ est la date de la dédicace du Temple de Salomon, soit 1000 ans avant J.-C.; c'est l'***anno depositionis***. Aux grades Templiers, on compte depuis la date de création de l'Ordre du Temple (1118 après J.-C.); c'est l'***anno ordinis***.[22]

Il existe une tradition maçonnique qui situe précisément **le jour de la mort d'Hiram Abif**. Cette date est citée dans les rituels de la Maçonnerie opérative anglo-saxonne représentée, de nos jours, par l'ordre maçonnique

---

[22] Passionnante approche des *âges du Monde* par Jacob Perlman dans la revue *Renaissance Traditionnelle* n° 195-196 à partir de la page 260: <tinyurl.com/ages-du-monde>.
Consulter le *Vade-mecum maçonnique, pour les trois premiers degrés du rite écossais ancien et accepté*, à partir de la page 65: <tinyurl.com/vade-mecum-maconnique> (*télécharger le fichier pour un accès plus confortable*).

reconnu par la Grande Loge Unie d'Angleterre, *The Worshipful Society of Free Masons, Rough Masons, Wallers, Slaters, Paviors, Plaisterers and Bricklayers*, ou *The Operatives*. Au chapitre du *7ème degré*, du livre *Guild Masonry in the Making* (aperçu assez large des rites et symboles de ce système opératif) de Charles H. Merz, on peut lire *1. The Commemoration of the Founding of King Solomon's Temple held in April. 2. The Commemoration of the Death of Hiram Abif, held* **on October 2nd**. *3. The Commemoration of the Dedication of the Temple, held on October 30th* (p. 112).

Loges Bleues Franc-maçonnerie	Anno Lucis 4000 + AD (Anno Domini, l'année courante)	Le calendrier de Craft Masonry commence avec la création du monde et utilise le terme *Anno Lucis* (A.L) - «Dans l'année de la lumière». Pour arriver à cette date, ils ajoutent 4000 au temps commun (AD), car la Terre était censée dans la théologie conventionnelle avoir commencé en 4 000 avant JC.
Royal Arch Masonry Capitualar	Anno Inventionis 530 + AD	Les maçons de l'Arche Royale datent depuis l'année où le deuxième temple a été loué par Zorobabel. *Anno Inventionis* (A.I.), qui signifie «dans l'année de la découverte», terminologie utilisée par Chapters. Cela ajoute 530 au temps commun.
Royal & Select Masters Cryptic Masons	Anno Depositionis 1000 + AD	Les maîtres royaux et choisis ou les maçons cryptiques datent de l'année où le temple de Salomon a été achevé. Elle est appelé e *Anno Depositionis* (A.D.), ce qui signifie «dans

Éclaicies sur les usages maçonniques

		l'année du dépôt» et ajoute 1000 au temps commun.
Knights Templar Chevaliers	Anno Ordinis AD-1118	Les Templiers commencent leur calendrier avec la formation de l'ordre en 1118 après JC. *Anno Ordinis* (A.O.), qui signifie «dans l'année de l'Ordre». Cela déduit 1118 du temps commun.
Rite Écossais Ancien et Accepté	Anno Mundi 3760+AD	Anno Mundi, ou «d'Année du monde», est analogue au calendrier juif (avec une année supplémentaire à ajouter après septembre). Anno Mundi (A.M.), qui signifie «dans l'année du monde» ajoute 3760 au temps commun.
Order of High Priesthood	Anno Benefacionis 1913+AD	On dit qu'Abraham a été béni par Melchisédek en 1913 av. J.C.
Holy Royal Arch Knight Templar Priests	Anno Renascent AD-1686	Cet ordre aurait été rétabli en 1686 après J.C.

5 SINGULIERS PLURIELS

Dans les Traditions, le pluriel intervient de façon prépondérante dans le nombre de présents indispensables pour effectuer certains rituels: 7 francs-maçons rendent une loge juste et parfaite. 10 hommes (*miniam*) attestent la suffisance d'un groupe d'hommes de bonnes mœurs pour pratiquer certaines prières, représentant un niveau de pureté suffisante. 36 justes est l'ouverture minimale de l'humanité à l'accueil du Messie.

Jusqu'environ 1726, la régularité d'une Loge dépendait à la fois d'une situation particulière et d'un quorum qualifié. Ainsi trouve-t-on, à la question «qu'est-ce qu'une vraie Loge parfaite?», différentes réponses dans les catéchismes traditionnels de l'époque (*true prefect lodge*): Les statuts de 1670 de la loge d'Aberdeen prescrivent que les tenues aient lieu «au milieu des champs», et que les réceptions d'apprentis se fassent «dans l'ancienne loge des champs» sur une paroisse rurale des environs (Miller, *Notes on the early history and records of the Lodge Aberdeen, 1 ter*); à une journée de marche (de voyage) d'une localité, hors (de portée) de l'aboiement d'un chien ou du chant d'un coq (*Manuscrit Édinburgh*

Register House 1696); sur la plus haute colline ou la plus profonde vallée du monde, hors (de portée) du chant d'un coq ou de l'aboiement d'un chien (*Manuscrit Sloane 1700*); sur les montagnes les plus hautes ou (dans) les vallées les plus profondes du monde (*The Grand Mystery of Free-Masons Discovered 1724*); le centre d'un cœur vrai (*Manuscrit Graham* 1726).

Le quorum, quant à lui, était le nombre exigé de maçons ayant divers degrés maçonniques. Les différences retrouvées dans les divulgations tiennent comptent d'une époque où il n'existait encore que deux degré, puis d'une graduation sur le qualificatif de la loge: ***simple, formée ou composée; juste, composée ou gouvernée; parfaite ou juste et parfaite.*** Le plus souvent comme aux RÉR, RF, REAA:

- Qu'entendez-vous par une loge juste et parfaite? - Trois la forment, cinq la composent (ou l'éclairent) et sept la rendent juste et parfaite. Mais on trouve aussi: n'importe quel nombre impair de 3 à 13 (*Graham*); ou encore 5 compagnons et 7 apprentis (*A Mason's Confession*).

Le *Manuscrit d'Edimbourg*, 1696, dans le dialogue d'allumage des Feux ou de consécration de Loge pratiqué par le REAA de l'Ordre du Royal Secret enseigne: «Le TIF Grand Orateur: Pour qu'une loge soit juste et parfaite, il faut sept Maîtres, cinq Apprentis entrés, à un jour de marche d'un bourg, là où on n'entend ni un chien aboyer, ni un coq chanter. T.P.S.G.C. Un nombre plus petit ne peut-il rendre une loge juste et parfaite? Le TIF Grand Orateur: Oui, Très Puissant Souverain Grand Commandeur: Cinq Maîtres maçons et trois Apprentis entrés. T.P.S.G.C. Et à moins encore? Le TIF Grand

Orateur: Plus on est nombreux, plus on est joyeux, moins on est de convives, meilleure est la chère!»[23]

Des variations existent cependant sur les degrés de chacun de ces groupes: en quoi consistent-ils?
Trinity College (1711): Trois maîtres, deux Compagnons et trois apprentis (8 membres) *A Masons 's Examination* (1723): Un maître, deux surveillants, quatre compagnons, cinq apprentis (12 membres). *The Grand Mystery of Free-Masons Discover'd* (1724): Cinq ou sept droits et parfaits maçons (5 ou 7 membres). *Graham MS* (1726): N'importe quel nombre impair de 3 à 13; l'explication est donnée: «à la référence à la Trinité bénie, à la venue du Christ avec ses 12 apôtres». *Willkinson MS* (1726): un maître, deux surveillants, deux compagnons et deux apprentis (7 membres). *Masonry Dissected* (1730) et apparition d'un 3e Degrés structuré: Un maître, deux surveillants, deux compagnons et deux apprentis (7 membres). On remarquera qu'à l'approche d'un 3ᵉ Degré depuis 1724 le nombre de membres pour constituer une Loge Juste et Parfaite passe à 7 en maçonnerie anglaise. Rapporté en 1736 dans *Cérémonies et coutumes religieuses de tous les peuples du monde*: sept personnes, à savoir le maître, deux inspecteurs, deux frères et deux apprentis forment une loge[24].
La Maçonnerie française reprendra les mêmes ingrédients.

---

[23] Le manuscrit des archives d'Édimbourg, 1696, Traduit et commenté par Edmond Mazet:
<tinyurl.com/edimbourgmanuscript>.
[24] <tinyurl.com/parfaite-loge>.

Éclaicies sur les usages maçonniques

Le Secret des Francs-Maçons (1742), Le catéchisme des Francs-Maçons (1744), L'Ordre des Francs-Maçons trahi (1745), le Sceau rompu (1745), La Désolation des entrepreneurs modernes du Temple de Jérusalem (1747), Le Nouveau catéchisme des Francs-Maçons (1747) indiquent: Le Grand-Maître, le premier et le second Surveillant, deux Compagnons et deux Apprentis (7 membres). Mais ici, nous avons la progression 3,5,7: Trois la forment, cinq la composent et sept la rendent parfaite. Même chose avec *Le recueil précieux de la Maçonnerie Adonhiramite* de1786 (- Quels sont les trois Maçons de la Loge simple?- Un Vénérable et deux Surveillants.- Quels sont les cinq de la juste?- Ce sont les trois premiers et deux Maîtres. - Quels sont enfin les sept qui rendent la Loge parfaite? - un Vénérable, deux Surveillants, deux Maîtres, un Compagnon et un Apprenti).

Au Rite Écossais Rectifié on retrouve les mêmes dispositions. Au Rite Français (1785-1786) qu'on retrouve dans *Le Régulateur du Maçon* de 1801, de même, au REAA, nous avons: - Trois la dirigent, cinq l'éclairent, sept la rendent juste et parfaite. -Expliquez cette réponse. - Les Trois sont le V\M\et les deux surveillants. Ces Officiers avec l'Orateur et le Secrétaire sont les cinq Lumières de la Loge. Mais il faut que Sept membres de la Loge, au moins, soient réunis pour pouvoir procéder à des Travaux réguliers. Dans cette nouvelle progression 3,5,7, les 5 qui éclairent et dirige la Loge sont invariablement des Maîtres, les deux autres membres sont donc 1 Apprenti et 1 Compagnon si l'on suit la logique des premiers catéchismes. Dans le *Manuel du Vénérable des 6 premiers grades* de l'Ordre Illustre de la Stricte Observance, p.104, il est écrit: «9 la rendent parfaite lorsqu'elle a été légalement constituée par la

Grand Maître Provincial et que son Vénérable a été dûment installé».

En conclusion, s'il n'y a pas d'Apprentis ou de Compagnons sur les Colonnes, la Loge ne peut être ouverte, même s'il y a 7 Maîtres. Par contre s'il y a 5 Maîtres, 1 Apprenti et 1 Compagnon, les Travaux peuvent être ouverts.

On retiendra, dans la définition d'une loge juste et parfaite, que l'exigence de la présence de sept (7) maçons est générale[25].

Cependant, si un quota autorise les tenues en loge, l'isolement par lequel passent les impétrants est tout aussi indispensable en Franc-Maçonnerie: cabinet de réflexion, bandeau des ténèbres, et surtout silence de l'apprenti. La quête se fait à la fois par des méditations solitaires et à travers le groupe initiant. Les étapes de l'initiation font alterner des périodes appartenant à l'horizontalité (dans la recherche de savoir et de rencontres) et des périodes de verticalité où s'effectuent les transformations qui aboutissent à la connaissance.

Nous avons conscience de venir d'ailleurs et d'être poursuivis par cet ailleurs qui complète l'ensemble de nos références. L'initiation qui est un effort vers le haut, vers le Soi, vers un changement d'état, ne s'accomplit pas pour tous au même rythme, mais va faire interférer la modification avec les autres membres du groupe. Cela montre que l'homme n'est jamais un individu, il est le noyau d'un ensemble, celui du passé et celui du présent. La chaîne d'union, par le tissage des bras et des mains,

---

[25] p. 21,47, 77, 103, 134, 154, 160, 166: <tinyurl.com/harry-Carr-catechismes>.

nous fait vivre l'achronie dans le torrent de la réciprocité de la présence, unis par un lien ineffable. À la rupture de la chaîne, ne reste-t-il que la solitude? Dans le voyage initiatique ou les 33 degrés de la sagesse, Christian Jacq nous répond: «Tu seras seul, mais pas isolé comme quelqu'un qui ne connaît rien d'autre que lui- même. Tu seras seul face au Principe. Seul, tout en étant habité par la communauté des hommes avec lesquels tu voyages sur le chemin de l'initiation».

Le symbolisme est l'instrument par excellence de l'intégration, de la rupture d'avec l'isolement. Il ne peut y avoir de solidarité qu'entre individus partageant un système symbolique qui rend possible un consensus sur le sens du monde. Le symbolisme est interprétation en reprenant au passé ce que d'autres avaient déjà sédimenté et en l'embellissant par la spécificité de l'intuition de celui qui le complète. Cette recherche, de ce que nous sommes au plus profond de l'être, le moi dépouillé du vieil homme et re-né en Soi, requiert les autres mais aussi la solitude; solitude qui nous protège de tous les totalitarismes.

6 GLAIVE OU ÉPÉE?

Sur une tapisserie du XIVe siècle de Hennequin de Bruges, Jésus-Christ apparaît à Saint Jean dans une vision si extraordinaire, que l'apôtre s'évanouit à ses pieds. Il faudra au Christ toutes les armes divines et humaines pour libérer les chrétiens du joug de la violence, de l'ignorance et de l'inclination au péché: d'où le glaive acéré qu'il tient dans sa bouche, symbole de la puissance de la parole divine. Il est de face, puissant, assis sur un trône qui le montre dans sa gloire éternelle, avec en arrière-plan les sept candélabres comme cela est mentionné dans le texte de l'Apocalypse. **«Ne pensez pas que je sois venu apporter la paix sur la terre: je ne suis pas venu apporter la paix, mais le glaive».** Ce Christ au glaive à double tranchant symbolise l'outil intellectuel ou de l'esprit favorisant le passage de l'état «fermé à l'état ouvert».

Épée ou glaive? On trouve tantôt le mot épée, tantôt le mot glaive comme pour Mathieu; 10,34 (supposé avoir été écrit en hébreu avant le grec) «Ne pensez pas que je sois venu apporter la paix sur la terre: je ne suis pas venu apporter la paix, **mais le glaive».** Ne croyez pas que je sois venu apporter la paix sur la terre; je ne suis pas venu apporter la paix **mais l'épée.** Cela signifierait que ces deux mots sont synonymes.

Cependant si on retient comme définition que **"épée"** est arme offensive et défensive composée d'une longue lame affilée et d'une poignée et que les guerriers portaient au côté dans un fourreau tandis que **"glaive"** est Épée tranchante et courte que les Romains utilisaient, il s'agit bien ici d'une épée!

On trouve également cette idée avec Mañjuśrī, un célèbre bodhisattva, considéré aussi comme une divinité tutélaire du bouddhisme. Il est représenté, en général, avec une épée (khadga) de feu symbolisant l'intelligence dans la main droite, et dans la gauche un livre/rouleau représentant la sagesse transcendante. D'un coup d'épée, Manjusri aurait ouvert le passage à la rivière Baghmati, asséchant la vallée et permettant l'accès au sanctuaire de Katmandou.

Le glaive est devenu au fil des siècles un objet honorifique comme récompense d'une distinction; il était offert aux gladiateurs célèbres lorsqu'ils étaient affranchis.

La dénomination de glaive plutôt qu'épée trouve son explication au grade de Chevalier dans cette conférence: *Sources et histoire du grade de Chevalier Kadosh (Part 1)*.[26]

On voit qu'à partir de 1840, statistiquement, dans les 84 rituels du degré de kadosh étudiés, le vocabulaire utilisé dans les rituels de ce degré donne la préférence au mot glaive plutôt qu'au mot épée[27].

---

[26] **Vidéo**, Table ronde organisée par l'Aréopage de Recherche Sources, *Sources et histoire du grade de Chevalier Kadosh (part1)*: <tinyurl.com/chevalier-kadosh>.

[27] **Vidéo**, Table ronde organisée par l'Aréopage de Recherche Sources, *Sources et histoire du grade de Chevalier Kadosh (part2)*: <tinyurl.com/stat-glaive-ou-epee>.

L'épée symbolique ne pourfend pas dans le sens d'une irréparable division.

Faite d'un fer céleste, elle tranche les imperfections, neutralise les associations mentales inharmonieuses, et permet de rester cohérent dans le combat. Ainsi, la prendre en main revient-il à empoigner un rayon de lumière, harmoniser les faisceaux de lumière dispersés, faire croître les potentialités. L'utilisation de l'épée introduirait donc dans la conscience un axe de lumière, une rectitude indispensable pour vivre l'initiation. «L'épée qui blesse», dit Fulcanelli, «la spatule chargée d'appliquer le baume guérisseur, ne sont en vérité qu'un seul et même agent doué du double pouvoir de tuer et de ressusciter, de mortifier et de régénérer, de détruire et d'organiser». Spatule, en grec, se dit *spatoula*, σπάτουλα; or, ce mot se rapproche des mots glaive ou épée (σπαθί), tirant leur origine de *spao* (σπάω), arracher, extirper, rompre.

Les premières épées étaient courtes et épaisses avec une lame en forme de glaïeul, d'où le nom de glaive. Le glaive serait l'attribut du soldat (arme guerrière destructrice) mais aussi celui du législatif, de la Justice (symbole de la puissance positive), l'épée serait réservée au chevalier avec le rite principal de l'adoubement. À partir du règne de Louis XV, tous les frères portèrent l'épée du côté gauche dans un fourreau. Elle symbolisait alors, en loge, l'égalité sociale des maçons de l'époque qu'ils soient nobles ou roturiers. Mais dès qu'ils retournaient dans le monde profane cette égalité, évidemment, cessait.

Aujourd'hui, elle est portée collectivement dans les loges au Rite écossais Rectifié. Hors de son fourreau, pointe basse en position de repos ou autrement sur ordre du Vénérable Maître, elle est tenue en main par tous les maçons travaillant à ce rite. C'est de la main gauche également que le Vénérable Maître, lorsqu'il siège à l'Orient, tient son épée pointe en haut.

Aux autres rites, il ne reste du passé que deux choses: une rosette à l'extrémité du baudrier de maître, souvenir de l'entrée du fourreau et une épée à la disposition des maçons des colonnes près de leur siège. Dans les rituels après 1843, on la nomme le plus souvent glaive.

Le glaive, tenu par les membres, est tout à la fois:

~ une arme dont les cliquetis, lorsqu'on les entrechoque, symbolisent le combat des hommes pour vaincre et triompher de ses passions,-

~ une transmission de l'énergie bénéfique de tous les membres de la Loge à l'impétrant au moment où le bandeau lui est retiré lors de son initiation

~ un avertissement du châtiment qui menacerait le parjure,

~ un honneur rendu aux dignitaires visiteurs en formant, pour leur passage, la voûte d'acier.

Le glaive est toujours tenu de la main gauche par le franc-maçon à l'ordre, sauf par le couvreur et les experts qui le tiennent de la main droite.

L'épée du couvreur est un instrument qui interdit l'accès au temple aux non initiés; de ce rôle de gardien d'un lieu sacré, elle tire sa fonction de protection du temple intérieurement et extérieurement.

L'épée de l'expert est le symbole du respect des valeurs: elle est le gardien du rituel et l'acteur de sa mise en œuvre. Elle est l'arme morale et spirituelle du maçon lui rappelant ses devoirs et ses obligations.

L'épée flamboyante, maniée par le Vénérable, placée à l'Orient sur son plateau, domine les autres épées. Elle est faite d'une lame d'acier pointue à deux tranchants, fixée à une poignée munie d'une garde, cette épée à lame sinusoïdale représente le symbole du pouvoir initiatique du vénérable. Elle est utilisée lors des initiations, passages ou élévations.

Le mot traduit de l'hébreu, qui qualifie la **lame de l'épée flamboyante** est le verbe «**se tourner, changer**». Il s'agit donc d'une épée qui tourne toujours, qui s'agite, d'où son caractère flamboyant. En effet, cette racine hébraïque montre aussi que l'épée flamboie parce qu'elle est feu elle-même et parce qu'elle réfléchit la lumière solaire. Le double tranchant de la lame a une double fonction: celle de porter le feu de la création pour donner vie à l'initié, celle aussi de trancher entre plusieurs choix possibles lorsque la vie de la Loge est impliquée.

Arme de Lumière, l'épée flamboyante est en rapport avec la foudre, l'éclair. Cette arme de feu, symbolise le combat pour la conquête de la Connaissance en tranchant l'obscurité de l'ignorance.

Elle est aussi la représentation du Soleil par le rayon brillant de sa lame ondulée; on peut alors parler de **glaive enflammé**. Cette Lumière est une mise en relation avec les Grands Mystères: par la pensée rituelle, elle tue, dans l'impétrant, la partie non initiable pour que naisse en lui une nouvelle vie à travers l'accès à la vision et à l'entendement, au-delà des apparences.

L'épée flamboyante est celle du chérubin qui dispense la vie et la mort, qui balaye l'orgueil, qui dissout l'ego. Elle garde la porte de l'autre monde, celui de La source de la Lumière. Pour entrer dans ce monde, il faut passer au fil de cette épée-là. Avec son épée flamboyante, le Vénérable montre sa fonction de gardien du symbole, celui de la régénération de l'Homme par le travail de dissolution du moi, de l'enfantement de la lumière dans la douleur, loi immuable et nécessaire des initiations et des épreuves.

Lorsque le vénérable pose l'épée flamboyante sur la tête du novice, en prononçant les paroles rituelles, «je te crée, constitue et reçois franc-maçon», la lumière, alors dispensée, est une double énergie: feu créateur et protecteur qui installe le nouveau myste dans le cosmos de la loge. C'est à ce moment que le récipiendaire devient néophyte. Ceci est en analogie avec l'éclair de la création de l'arbre des séphiroth.

L'épée Flamboyante est précisément là pour rappeler que c'est la fonction et la parole édictive du vénérable qui transmettent, non un quelconque individu.

Au 7ᵉ degré du REAA, on ne parle plus d'épée, mais **de sabre** et aux trois degrés suivants, **de poignard**. Par exemple, au 10ᵉ les glaives sont devenus des poignards, rappelant le nom du bijou porté à ces degrés: un poignard d'or à lame d'argent, suspendu au bas du cordon. Au 11ᵉ degré, le poignard prend le nom d'«épée de Justice» achevant les grades de vengeance.[28]

---

[28] Rituel du 10ème degré REAA – Illustre Elu des Quinze: <tinyurl.com/le-poignard>.

Aux rites chevaleresques, durant toute la durée de la tenue, le maniement de l'épée est extrêmement codifié et celle-ci ne doit, en aucun cas, être sortie de son fourreau sans raison; en voici un exemple.

Maniement de l'épée dans l'Ordre du Temple[29]

Le maniement de l'épée devant être exécuté comme ci-dessous, cette gestuelle est très «militarisée». Réalisée synchroniquement par les frères, à ne pas douter, elle doit créer un corps d'unanimité.

Dégainer

1-Saisir le fourreau de la main gauche. En même temps, passer vivement la main droite devant la poitrine et saisir la poignée de l'épée. Sortir la lame jusqu'à ce que l'avant-bras soit horizontal en travers de la poitrine, tout en maintenant fermement le fourreau avec la main gauche.

2- Retirer doucement l'épée jusqu'à ce que la pointe soit libérée du fourreau, puis l'amener rapidement au «Présenter»! Tout en ramenant la main gauche au côté.

3- Descendre l'épée au «Porter»! Lorsque le Maréchal n'a pas à dégainer son épée et que l'on ne peut donc pas se régler sur lui, on se réglera sur le Chev\ de la colonne sud le plus proche de l'est.

Présenter

Tenir la lame verticale, le dos de la main en avant, le coude au corps, la garde cruciforme de l'épée à la hauteur de la bouche, à environ 3 centimètres. Il ne convient pas

---

[29] Le nom complet de cet ordre est: *Les Ordres religieux, militaires et maçonniques unis du Temple et de Saint-Jean de Jérusalem, de la Palestine, de Rhodes et de Malte.*

d'embrasser la garde ou de l'effleurer des lèvres, quand on est dans cette position.

Porter

Tenir l'avant-bras horizontal, la main à la hauteur du coude, le coude collé au corps, la lame verticale, la croix de la garde reposant dans le creux situé entre le pouce et la première jointure de l'index (on peut laisser le petit doigt de la main droite derrière la poignée de l'épée).

Repos

1. Déplacer le pied gauche d'environ 30 centimètres sur la gauche.

2. Laisser retomber l'épée sur l'épaule, à mi-chemin entre le cou et l'extrémité de l'épaule droite, en desserrant légèrement les doigts.

Rengainer

1. Amener l'épée au «Présenter»!

2. Saisir, des trois derniers doigts de la main gauche, le fourreau au-dessous de l'ouverture, en laissant libres le pouce et l'index. Glisser la pointe de l'épée dans l'ouverture du fourreau en la guidant avec le pouce et l'index de la main gauche (ne pas suivre des yeux, le mouvement s'exécutant beaucoup plus facilement sans regarder). Laisser descendre l'épée dans le fourreau jusqu'à ce que l'avant-bras droit soit horizontal en travers de la poitrine.

3. Faire glisser vivement l'épée dans le fourreau, si possible synchrone avec les autres chevaliers, puis ramener les mains sur les côtés.

À l'ordre

«Chevaliers, mes Frères!»

Éclaicies sur les usages maçonniques

1. Tous se lèvent et se tiennent bien droit ou se redressent s'ils sont déjà debout.

«À l'ordre!»

2. Amener l'épée à la position 1 du «Dégainer» et regarder le Maréchal de Camp ou le Chevalier le plus proche de l'orient, côté sud.
3. Tirer l'épée et venir au «Présenter».
4. Descendre l'épée au «Porter».

Prendre Place

«Chevaliers, mes Frères!»

Regarder le Maréchal de Camp ou le Chevalier le plus proche de l'orient, cô*té sud.*

«Prenez Place!»

1. Rengainer *position 1.*
2. Rengainer *position 2.*
3. Rengainer *position 3.*
4. *S'asseoir.*

Engager

«Engagez!» (en partant du «Porter»)

1. Amener l'épée au «Présenter».
2. Élever le bras droit en extension maximum, à 45° devant soi, l'épée dans le prolongement du bras, et engager la lame avec celle du Chevalier face à face, tranchant contre tranchant.

«Portez!» (en partant du «Engager»)

1. Amener l'épée au «Présenter».
2. Descendre l'épée au «Porter».

Retourner

«Retournez vos épées!» (en partant du «Porter»).

1. Incliner la lame vers la gauche jusqu'à ce qu'elle soit horizontale, saisir la lame en son milieu, de la main gauche.
2. Continuer à faire pivoter la lame jusqu'à la verticale, dans l'axe du milieu du corps, la garde vers le haut. Laisser retomber la main droite au côté.
3. Incliner la tête vers l'avant, en gardant les yeux fixés sur la garde de l'épée.

«Portez vos Épées!» (en partant du «Retourner»)

1. Relever la tête.
2. Faire pivoter l'épée vers la droite, jusqu'à ce qu'elle soit horizontale; saisir alors la garde de la main droite.
3. Ramener l'épée au «Porter» puis laisser retomber la main gauche au côté.

Remise de l'épée

Quand l'épée est remise à un chevalier de rang supérieur (par exemple par le Maréchal de Camp à l'Éminent Précepteur ou par un officier à l'Éminent Précepteur lors de l'investiture), elle est présentée sur l'avant-bras gauche, la poignée tournée vers l'officier supérieur.

Quand l'épée est rendue à un chevalier de rang inférieur (par exemple par 1'Éminent Précepteur au Maréchal de

Camp ou à un officier lors de son investiture, l'épée est tenue verticalement, par la garde, entre le pouce et l'index de la main droite, puis placée dans la main droite du chevalier.

Vous trouverez la question du rapport de l'épée et de l'interdiction du fer dans le livret *Éclats des décors maçonniques* au chapitre *Laisser les métaux à la porte du temple.*

7 ÇA VA COIFFER!

Le couvre-chef, comme son nom l'indique, est une parure de la tête à laquelle les traditions donnent des significations.

En Orient, d'une façon générale, la coiffure était jadis considérée comme symbolisant l'honneur et la dignité de celui qui la portait; on jurait volontiers par elle; y porter atteinte était considéré comme une injure particulièrement grave. La tête est le résumé du corps. Ce que l'on pose sur la tête, le couvre-chef, a valeur d'accomplissement et doit être en concordance de nature avec celui qui le porte, donc dépend de l'état de conscience atteint.

Rappelons par exemple que les dieux égyptiens ont la tête couverte d'un symbole, que les prêtres grecs se couronnaient quand ils offraient un sacrifice, que Nicolas Flamel portait un bonnet et qu'en fait, tous les alchimistes représentés au Moyen Âge portaient un chapeau de forme variée.

Si l'on se réfère à la Bible, le grand-prêtre portait un couvre-chef. Ce n'est que vers le IIe siècle de notre ère que le port du chapeau commença à être étendu à tous les juifs à la suite d'une discussion talmudique sur le respect et la crainte de Dieu.

Lorsqu'au Moyen Âge cette coutume fut adoptée, on considéra que tous étaient semblables au grand-prêtre et, en même temps, on affirma que le chapeau rappelait qu'il y a toujours quelque chose entre l'homme et Dieu. Le Talmud apprend que le port de la kippa (ou avoir la tête couverte) a pour but de rappeler que Dieu est l'Autorité suprême au-dessus de tous. Le mot yiddish pour couvre-chef *yarmulke*, vient de l'araméen *yira malka* qui signifie «crainte du Roi». En hébreu, le couvre-chef est appelé Kippa, littéralement «dôme».

Le chapeau est aussi le substitut de la couronne, symbole de royauté, à la fois temporelle et spirituelle. L'homme qui porte une couronne peut donc être considéré comme celui qui joint la terre au ciel, et réciproquement il conduit l'influx venu du ciel vers la terre. En ce sens l'homme qui porte le chapeau est un homme debout, un *axis mundi*, l'esprit et le regard tendus vers le ciel. «Je te couronne au-dessus de toi-même» dit Virgile à Dante avant de le quitter. Ainsi couronné, il rejoint Béatrice qui l'emmène au paradis.
C'est avec un chapeau **tricorne** qu'est représenté un franc-maçon français du temps du Chevalier Ramsay.[30]

Napoléon ne portera qu'un bicorne en feutre de castor, le plus souvent en bataille.[31]

---

[30] Revue *Points de vue initiatiques* n° 31-32, p 73.

[31] Cela ne veut pas dire lors des batailles, mais le chapeau porté avec les cornes (les pointes) parallèles aux épaules. Ses chapeaux

Symbole du grand uniforme du polytechnicien, le port du **bicorne** relève du règlement: «le chapeau laisse à découvert la partie gauche du front, effleure l'oreille droite et divise le sourcil droit en moyenne et extrême raison». En somme, une façon d'inscrire la proportion divine sur son front!

Le Régulateur du Maçon de 1802 mentionne pour le Grade de Maître: «Le F∴ Préparateur aura soin de faire remettre au T∴R∴le chapeau et l'épée de l'Aspirant» (p.8) «Tous les Frères seront vêtus de noir le chapeau en tête et rabattu». Dans ce Rituel, on rend au nouveau Maître son épée, puis son chapeau, en ajoutant «désormais vous serez couvert en Loge de maître, cet usage très ancien annonce la liberté et la supériorité» (p.26).[32]

Aujourd'hui, dans certains rites, les maîtres se doivent de porter un couvre-chef (chapeau, calot). Dans le Rite Opératif de Salomon (ROS), lors de l'élévation à la Maîtrise, l'Expert revêt le nouveau Maître des *décors du degré*: le tablier, l'écharpe et le **couvre-chef**.
Le rituel du troisième degré REAA de la GLDF précise qu' «en Chambre du Milieu tous les Maitres portent leur chapeau»

Au RER, si le rite est très traditionnellement respecté, tous les maîtres de la loge devraient être couverts. «Qu'il

---

furent tous confectionnés par le chapelier Poupard: <tinyurl.com/bicorne-de-bonaparte>.
[32] *Le Régulateur du maçon, 3ème grade*, 1802: <tinyurl.com/Regulateur-du-macon>.

soit sur votre front le symbole de l'esprit de justice, de tempérance et de prudence qui doit accompagner les maîtres dans toutes leurs démarches. Désormais, vous pourrez vous en couvrir toujours en loge, afin d'annoncer la supériorité que ce grade vous donne sur les apprentis et les compagnons». Lorsqu'ils parlent, les frères, sauf le Vénérable et les Surveillants, se découvrent et si le vénérable enlève son chapeau pour recevoir un frère, tous les assistants doivent en faire de même. Depuis le XVIIIe siècle, leur chapeau est un tricorne noir bordé d'un galon doré dont la calotte ronde est symbole du ciel (les Quakers d'Amsterdam du 18ème siècle en portaient de semblables) [33].

Au Rite Français Groussier, le port du chapeau est tombé en désuétude. Il en est de même REAA, même si, au 1er degré de l'écossisme, le Vénérable est couvert uniquement à l'ouverture et à la fermeture des travaux. Au Rite Émulation, le port du chapeau est proscrit bien que certains anciens documents anglais indiquent que le maître de la loge devait être couvert, signifiant son rôle et son statut, à l'instar de la couronne du Roi Salomon. RY. S'il est traditionnellement observé, le Vénérable Maître porte un haut de forme ou un «clac». Au XIXe s., les sœurs de la Maçonnerie d'adoption portaient rarement le chapeau. Il faut dire aussi que leur coiffure très apprêtée ressemblait à des bibis.[34]

---

33 *Cérémonies et coutumes religieuses de tous les peuples du monde,* p.202: <tinyurl.com/coutumes-du-monde>.
34 Tableau à la gouache (début XIXe s.): <tinyurl.com/chapeau-feminin>.

Au XXe s., les loges parisiennes à forte présence féminine ont été parfois des lieux d'exhibition de créations excentriques des modistes. Elles ont adopté aujourd'hui, plus sobrement, le calot, avec le même usage et la même symbolique que le chapeau des frères.

On peut comprendre que le chapeau, en tant que symbole de la limite de l'homme -comme le «connais-toi toi-même»- lui montre sa capacité à l'humilité devant le mystère.

8 LA CHAÎNE D'UNION, UNE ENSTASE FRATERNELLE

Dans la plupart des rites, à la fin de chaque tenue, les frères (et sœurs) forment une chaîne en se tenant par les mains dégantées; cette chaîne s'élargit à toute l'humanité. La Chaîne d'Union symbolise tout particulièrement la fraternité qui unit le franc-maçon d'une part avec tous les francs-maçons vivants, d'autre part avec tous ceux qui l'ont précédé et tous ceux qui lui succéderont. Il est à noter que la Chaîne d'Union illimitée vers l'avenir apparaît comme n'ayant, dans le passé, d'autre délimitation que le point qui correspondrait à l'origine même de l'espèce humaine. Elle place chaque participant dans la continuité de la Tradition.

Un peu de souvenirs historiques

La première description maçonnique de la chaîne d'union semble apparaître en 1696 dans ces lignes du *Manuscrit des archives d'Édimbourg* qui fait allusion à la transmission des mots secrets: Ensuite, tous les maçons présents se murmurent l'un à l'autre le mot, en commençant par le plus jeune, jusqu'à ce qu'il arrive au maître maçon, qui donne le mot à l'apprenti entré.

En loge, on retrouve dans le rituel de la Loge Écossaise de Bordeaux (1750), la Chaine d'Union à la clôture des travaux au grade de Maître Élu Parfait, ou Grand Écossais (dixième et dernier grade) puis à la clôture du premier degré du rituel de la Mère Loge Écossaise d'Avignon de 1774.

La Chaîne d'Union apparaît en 1766 au rite adhoniramite à la fin des travaux de table.

Au RER, la Chaine d'Union apparaît, telle que pratiquée aujourd'hui à la fermeture des Travaux du 1er degré dans le rituel adopté en 1782 à Wilhelmsbad: les frères forment la chaine, bras croisés, autour du tableau de Loge. Dans un premier temps le Vénérable fait passer le mot annuel de l'année précédente puis celui de l'année en cours et ensuite il dit une prière avant de faire rompre la chaîne et de terminer la clôture des travaux.

Dans le rituel de 1785, adopté par le GODF (à l'origine du *Régulateur*), la circulation du baiser était systématique à la clôture des banquets qui suivaient toujours les tenues: le Vénérable le donne à son voisin de droite, et il lui revient à gauche. Une chaîne était toutefois formée lors de la septième et dernière santé, lors de la Chanson de l'apprenti éntré. Il en était de même dans *L'Ordre des Francs-Maçons trahis* (1745) ou dans *Les Trois Coups distincts* (1760).

«Au GODF, tous les Maçons qui, à la suite d'une vérification générale, furent reconnus comme réguliers, reçurent communication, à partir de 1777, d'un double mot de reconnaissance, renouvelé tous les six mois. Cette mesure est restée particulière à la Maçonnerie française, l'emploi des mots de semestre ne s'étant pas répandu à l'étranger, où le «tuilage» continue à s'effectuer dans toute sou ancienne ampleur».[35]

Dans le rituel Amiable de 1887, une Chaîne d'Union courte sera faite pour la transmission des mots de semestre.

Les Mots de semestre, propres à chaque obédience, sont communiqués deux fois par an, parfois une seule fois, lors d'une Chaîne d'Union par le Vénérable aux membres de la Loge. Ce sont deux mots servant de reconnaissance aux francs-maçons en activité. Leur connaissance permet de vérifier l'assiduité maçonnique de celui qui se présente à l'entrée d'une loge qu'il visiterait. La liste des différents mots de semestre est communiquée aux Couvreurs des différentes loges des obédiences «amies» Leur méconnaissance et leur non communication par un visiteur inconnu pourrait prouver à l'Atelier une intrusion interdite.

D'après Jules Boucher, il est interdit de les noter et de les communiquer à quiconque les a oubliés, seul le Vénérable peut les transmettre.

La transmission des deux mots de semestre, en général le nom d'un personnage en lien avec la Maçonnerie et une qualité vertueuse commençant par la même initiale, se

---

[35] Oswald Wirth, *Le Livre de l'apprenti* au chapitre Le Grand Orient de France: <academia.edu/28791571/>.

fait par chuchotement; le premier mot circule côté Sud, le second, côté Nord. Au cours d'une Chaîne d'Union, le Vénérable transmet à sa droite au 1er Surveillant un mot le plus discrètement possible. Celui qui le reçoit le transmet à son tour à celui qui est lié à lui sur sa droite. Le mot circule ainsi jusqu'à revenir au Vénérable. Celui-ci transmet en même temps à sa gauche au Second Surveillant le second mot qui circule dans l'autre sens pour revenir au Vénérable qui annonce que les mots sont revenus «justes et parfaits». Que de transformations de ces paroles ont fait sourire lorsqu'elles reviennent à l'oreille du Vénérable; l'incompréhension et l'ignorance (du chaînon qui ne peut reconnaître ce qu'il entend) propagent des approximations cumulatives des mots et que dire du ROPM qui communique des mots de semestre, outre en français, tantôt en hébreu, tantôt des noms de pharaons!

Au REAA, en 1923, une Chaîne d'Union est faite pour recevoir le récipiendaire du premier degré, et elle sera intégrée, de façon facultative, à la clôture des travaux en 1962 avec la précision suivante: on quitte la chaîne «après avoir secoué les bras trois fois».

Chaque maçon présent constitue un maillon. L'union est généralement représentée par cinq symboles: la chaîne, le nœud, les mains enlacées et l'anneau.

Dans une chaîne courte, les francs-maçons croisent leurs bras devant eux et prennent la main gauche en supination de leur voisin de gauche (pour recevoir) avec leur main droite en pronation (pour redonner ce qui a été reçu). Idéalement, elle se pratique bras et jambes écartés, les pieds en contact; chaque franc-maçon est alors une étoile pentagonale reliée aux autres – tous et toutes formant une constellation. Ces étoiles s'animent lorsque les bras se soulèvent par trois fois à l'injonction: «*Quittons cette chaîne!*» Dans une chaîne longue, on prend la main droite du voisin de gauche dans la main gauche. Sous cette forme, la chaîne d'union est absente du Rite Anglais Style Émulation.

Se tenir la main ne suffit pas pour fluidifier l'énergie qui doit couler et traverser chacun, dans le cercle fermé. Ce qui est reçu doit être reversé dans le nœud des mains, rappelant ceux des lacs d'amour de la Houppe dentelée qui en constituent le symbole. «La main iod qui donne, la main kaph qui reçoit[36]».

En magie, comme en magnétothérapie, la main gauche aspire l'énergie (en supination de l'avant-bras, la paume tournée vers soi), elle est censée la recevoir; tandis que la main droite la dispense en restituant le don (en pronation, la paume de main tournée à l'opposé du visage). Chaque individu peut toujours se recharger en fonction de son propre rythme, pour peu qu'il sache se connecter à une source, qu'elle soit en lui-même ou hors de son corps physique. Dans la Chaîne d'Union, le maçon est comme une pile avec ses polarités. Le cercle fermé – avec les francs-maçons mis en série entre leurs sœurs et frères – crée un champ magnétique au centre de la loge où chacun équilibre son énergie sur celle de l'ensemble des participants par syntonisation, pas par *le* geste, mais par *ce* geste, ce geste fait de cette manière, avec cette ardeur, cette envie, cette application… ce respect. Le balancement des bras permet, à la fin de la

---

[36] Frank Lalou: <tinyurl.com/la-chair-des-lettres>.

chaîne, de couper en douceur ce flux, qui, trop précipitamment, pourrait donner une décharge électromagnétique.

Ce faisant, le cercle ainsi formé par les membres peut symboliser la fraternité universelle des maçons dans laquelle chaque initié est un maillon de la chaîne; cette multiplication d'anneaux pouvant symboliser «la préservation de l'unité à travers la multiplicité». C'est l'inscription du franc-maçon dans le «Grand Temps», celui des vivants, des morts et des pas encore nés. Ce temps cosmique est aussi symbolisé par le cordeau. La chaîne d'union symbolise au niveau microsmique et humain ce que le cordeau avec ses lacs d'amour (la houppe dentelée) symbolise au plan macrocosmique, l'ordre et l'harmonie universelle[37].

Pour Bruno Étienne, «la fusion entre tous les êtres les fait participer à la totalité de l'énergie en réunissant le micro et le macro» (*Une voie pour l'Occident: la Franc-maçonnerie à venir*, Dervy, 2012). Il s'agit d'un changement d'état d'être, qui peut durer quelques secondes, où on sent très bien. Le moment où cela se passe, il n'y a plus de temps, seulement une vraie joie. Il n'y a plus non plus d'extérieur ou d'intérieur. **Il n'y a plus de moi, seulement un Je vibrant, lumineux, sans gravité ni durée, un pur Être fraternel dans une extase/enstase.**

Selon des études scientifiques, le cœur humain génère le plus fort champ magnétique dans le corps, mais des

---

[37] René Guénon: <tinyurl.com/symbole-science-sacree>.

données transmises par des satellites ont pu démontrer que le champ magnétique terrestre serait modifié par les changements émotionnels éprouvés par sa population. On trouve, par analogie, une idée intéressante, en lisant le livre du regretté astrophysicien Hubert Reeves: *«Patience dans l'azur»*. On retiendra de son chapitre sur les énergies que la masse des corps étudiés, quelles que soient leurs dimensions, prise isolément, pèse plus lourd que la masse de ces mêmes corps reliés dans une structure commune. Par exemple la somme des masses d'un électron et d'un proton est plus grande que celle d'un atome d'hydrogène qu'ils constituent en s'associant. La différence de poids est due à l'émission d'un photon ultra-violet, dégagé au moment de la constitution d'un atome. De même, un proton et un neutron pèsent plus lourd séparément que réunis en noyau de deutéron. En s'associant les deux particules libèrent de l'énergie sous forme d'un rayon gama. On appelle force, ce qui permet aux éléments de se lier en corps constitués: force électromagnétique pour les atomes, force nucléaire pour les noyaux, quarkienne pour les nucléons, gravifique pour les astres: *Que la force soutienne nos travaux*. La force du rituel maç\ associe nos esprits individuels pour former l'égrégore particulièrement ressenti au cours de la chaîne d'union. Alors, faisons une hypothèse: en se formant, l'égrégore libère une énergie qui se manifeste dans l'ailleurs. Quand nous sommes devenus pierres du temple, les transmutations du 2 produisent le 3-qui-est-un et libèrent de l'énergie. Ainsi «d'égrégorisation» dégage un on-ne-sait-quoi énergétique qu'il est bien difficile de caractériser avec précision. Mais, ce on-ne-sait-quoi, dans l'ailleurs où il est projeté, est un rayonnement dont l'influence pourrait être l'exhalaison de nos cérémonies rituelles fraternelles, protégées par la sagesse et la beauté, la joie, la paix, l'harmonie et l'amour, allant livrer leurs forces dans un combat d'énergies du bien contre celles du mal.

Quelques approches sur la notion d'égrégore

Selon l'étymologie grecque: *«égrégorein / egregoros»* veiller / veilleur l'égrégore a deux sens. **Il s'agit d'une part du nom d'anges présents sur le mont Hermon qui s'unirent aux filles de Seth, dans les légendes juives, d'autre part d'un concept ésotérique dont la définition approximative est celle d'un «être collectif».**

Dans les Doctrines Ésotériques, les symptômes mystérieux liés aux entités psychiques trouvées dans les Groupes ont été largement associés à l'ancienne idée occulte d'un Ègrégore, et aux Manifestations Ègrégoriques.

Le mot apparaît d'abord dans le livre d'Énoch éthiopien et hébreu, il y désigne une catégorie d'ange. Selon ce livre: l'*Égrègora*, réveilleur, éveilleur, veilleur sont un ordre angélique particulier. La tradition dit que certains d'entre eux se rebellèrent contre Dieu, puis, d'un commun accord, ils descendirent sur terre et séduisirent les filles des hommes, leur enseignèrent de nombreuses choses, de la métallurgie à l'astronomie et à l'astrologie, des sciences liées aux lois naturelles, et non à la Loi Divine.

Ensuite ce sera Éliphas Levi qui utilisera le terme dans son livre *Dogme et rituel de la haute-magie*, et lui donnera une étymologie latine au lieu de grec, ce qui engendrera la confusion de sa définition (*Eliphas Levi utilise «eggregore» pour égrégore.* Le mot «eggrégore» se compose des deux mots latins *Eggregius* et *gregorius*, il signifie une excellence sur éminente et collective. Les Eggrégores, d'après le sens même de leur nom, seraient, pour lui, des composés de diverses puissances réunies). René Guénon le critique considérant qu'il en a donné une étymologie latine invraisemblable, le faisant dériver de grex, troupeau», alors que ce mot est purement grec et n'a jamais signifié autre chose que «veilleur» (Fred Mc Parthy, *Ce qu'est ou n'est pas un égrégore*: <omra-fm.fr/ce-quest-ou-nest-pas-un-egregore/>).

Les disciples de Martinès de Pasqually désignaient sous l'appellation «égrégore» le Collectif invisible de l'Ordre, et généralement tout principe des manifestations occultes.

Selon Robert Ambelain, on donne le nom d'égrégore à une force engendrée par un puissant courant spirituel et alimentée ensuite à intervalles réguliers, selon un rythme en harmonie avec la Vie universelle du Cosmos, ou à une réunion d'entités unies par un caractère commun. Dans l'invisible, hors de la perception physique de l'homme, existeraient des êtres artificiels, engendrés par la dévotion, l'enthousiasme, voire le fanatisme, qu'on nomme des égrégores.

Daniel Ligou, dans son *Dictionnaire universel de la Franc-maçonnerie* définissait ainsi l'égrégore: «terme employé par les symbolistes pour désigner la force de cohésion dans un groupe humain; en Franc-maçonnerie, une Loge».

C'est au médecin Pierre Mabille, compagnon de route du surréalisme, que l'on doit une autre définition du terme égrégore dans son ouvrage *Egrégores ou la vie des civilisations*, paru en 1938: «J'appelle égrégore, mot utilisé jadis par les hermétistes, le groupe humain doté d'une personnalité différente de celle des individus qui le forment. Bien que les études sur ce sujet aient été toujours, ou confuses, ou tenues secrètes, je crois possible de connaître les circonstances nécessaires à leur formation. J'indique aussitôt que la condition indispensable, quoi qu'insuffisante, réside dans un choc émotif puissant. Pour employer le vocabulaire chimique, je dis que la synthèse nécessite une action énergétique intense». L'égrégore est une entité vivante, un concept vitalisé, réelle entité, qui pour être viable, doit être alimentée régulièrement par les membres du groupe se maintenant tous dans la même énergie vibratoire. L'égrégore possède une composante à la foi psychique et énergétique. C'est une énergie qui contient toutes les vibrations des gens qui le créent, le font vivre... La concentration des personnes réunies dans un même but, avec les mêmes pensées intenses crée un égrégore qui se constitue, se développe, s'amplifie et devient actif. Un égrégore peut être perçu comme la résonance vibratoire émise par la psyché d'un groupe de personnes vibrant sur une note déterminée. Les actes, les émotions, les pensées et les idéaux de chaque entité constituant ce groupe, fusionnent pour édifier un tout cohérent, une forme dont les composants sont de nature énergétique. La notion d'égrégore se rapproche de celle d'inconscient collectif, de conscience collective, de champ morphogénétique ou champ de conscience opérant entre eux.

II pourrait se trouver que lorsque plusieurs personnes s'unissent autour d'une idée, ou d'un principe, elles enfantent un être collectif intelligent, qui va par la suite devenir indépendant, menant une vie propre. Il serait alors la somme des énergies psychiques émises par chacun des membres ayant participé à son émergence, voire à sa multiplication. L'ensemble de ces mouvements vibratoires pourrait exercer, en retour, en vertu du principe action-réaction, une puissante influence sur les composants du groupe, qui peut être fort différente de la psyché de chacun. Le total ne serait pas la somme des membres composants....

Carl Gustav Jung, avec ses travaux sur les symboles, sur les mythes, sur l'inconscient, sur la psychologie des profondeurs, aboutit à la notion d'un inconscient collectif. Une sorte d'héritage culturel de nos ancêtres, une sorte de résumé des expériences intérieures de l'Humain.

Un égrégore peut cependant être perturbé par la pensée négative de personnes qui ne sont pas en accord avec les objectifs. Par conséquent, les groupes ésotériques tentent de se protéger de pensées négatives qui pourraient affecter leur égrégore.

Prolonger avec l'article *The effect of masonic ritual* par Kristine Wilson-Slack (en anglais).[38]

---

[38] *The effect of masonic ritual* par Kristine Wilson-Slack: <tinyurl.com/effet-rituel-maconnique>.

La formation de la Chaîne

Au Rite Français et au REAA, dans la Chaîne d'Union, le Vénérable Maître et le Grand Expert sont toujours l'un en face de l'autre dans l'axe de la loge – le Vénérable Maître, côté est; le Grand Expert, côté ouest. Les deux Surveillants encadrent le Grand Expert. Tous les autres membres présents sont répartis indistinctement dans la chaîne. Lors d'une affiliation ou d'une réintégration, le franc-maçon affilié ou réintégré est placé entre le Grand Expert et le Premier Surveillant. Lors d'une cérémonie de réception, chaque nouvel apprenti est encadré par deux participants aux travaux.

Au Rite de Style Émulation, la Chaîne d'Union n'est pas matérialisée en se prenant par les mains. Elle réside, en fait, à l'ouverture comme à la fermeture des travaux dans les mots: «Unissez-vous à moi pour ouvrir la loge…» et «Unissez-vous à moi pour fermer la loge…»

Au RY, la Chaîne d'Union n'apparaît qu'à partir du degré de Maçon de l'Arche Royale (première catégorie des Hauts Grades) et selon une connotation différente (en Écosse, ce grade se pratique toujours selon son origine, en loge bleue et en complément du grade de compagnon).

La Chaîne d'Union peut être formée, en dehors des tenues, dans des circonstances particulières d'un banquet, d'un enterrement.

Pour une approche détaillée sur les principaux éléments de la chaîne d'union: le symbole cosmique de la chaîne d'union, le cercle que forme la chaîne, obligatoirement fermée, la polarité, mise en évidence par le croisement des bras, la main qui joue un rôle actif dans la formation de la chaîne, se reporter au texte de Robert Mingam, *La chaîne d'union.*

Texte de la Chaîne d'Union, adopté en 1992 par le GODF et donné lors de la Cérémonie d'Allumage des Feux d'un Atelier.

Le Vénérable Maître- N'oublions jamais que l'amour fraternel, comme nous l'enseigne les Constitutions dites d'Anderson de 1723, est la base, la pierre angulaire, le ciment et la gloire de notre vieille confrérie. D'entre tous nos Rites, vénérons celui qui a pour mission de nous rappeler sans cesse le lien qui nous unit. Que nos cœurs se rapprochent en même temps que nos mains, que l'amour fraternel unisse tous les anneaux de cette chaîne formée librement par nous. Comprenons la beauté et la grandeur de ce symbole, inspirons nous de son sens profond. Cette chaîne nous lie dans le temps comme dans l'espace, elle nous vient du passé et tend vers l'avenir. Par elle nous sommes rattachés à la lignée de nos ancêtres, nos Maîtres vénérés qui la formaient hier, par elle doivent s'unir les Francs-Maçons de tous les Rites, de tous les pays. Enrichissons la de nombreux et solides anneaux de pur métal et élevant nos esprits vers l'idéal de notre Ordre, efforçons nous de rapprocher tous les hommes par la fraternité. Mes Frères, étendons la main droite en avant et promettons de conserver, les uns envers les autres, la plus fraternelle affection et de travailler sans relâche à la réalisation de la fraternité

Universelle.Le Frère Grand Expert- Au nom de tous les Frères présents dans ce Temple, je le promets.Le Vénérable Maître- Je prends acte de ta promesse; mes Frères, quittons la Chaîne. Nos cœurs resteront unis.

En mêlant nos souffles dans un espace clos, nous respirons, telle une chaîne d'union, les particules de notre être-ensemble qui transforment le moi en Nous.

C'est avec le regard malicieux de notre TCF Fouqueray que l'on peut se demander si, par spéculation, nous ne faisons que rêver à une chaîne d'union idéalisée[39].

Pourtant, la chaîne d'union est comme un cœur, un lieu particulier pour qu'il y ait de la vie où s'allient réceptivité et activité l'une dans l'autre par ce qui reçoit donne.

Par sa similitude avec la Chaîne d'Union, il convient d'évoquer la chaîne d'alliance[40] réalisée lors de cérémonie rituelle des compagnons opératifs. Portant leurs couleurs, les compagnons se tiennent par la main en croisant les bras à la façon des maillons d'une chaîne et forment un cercle fermé, tournant dans le sens de la marche du soleil, cercle au milieu duquel se trouvent trois compagnons ou deux compagnons et la Mère[41], ceux-ci

---

[39] Vidéo: <tinyurl.com/Franck-Fouqueray>.

[40] *Le rituel de la chaîne*, par. 16: <tinyurl.com/chaine-d-alliance>.

[41] La cayenne, siège d'une société de Compagnons, est un terme employé chez les charpentiers, les couvreurs, les boulangers tandis que d'autres, tels les menuisiers, emploient le mot chambre. Cette maison est gérée par une femme: «Dame économe», «Dame hôtesse» ou «Mère» en fonction du degré d'initiation reçue par cette dernière, à la fois aubergiste et surveillante des mœurs; son mari prend le nom de «Père». Le

restant immobiles. Le Rouleur chante les Fils de la Vierge, dont le refrain est repris en chœur. Au cours des funérailles, la Chaîne est tenue sans chant, elle est ouverte, symbolisant ainsi le maillon qui vient de se rompre.

Rouleur, ou Rôleur, compagnon itinérant était, autrefois, chargé de l'embauche, maintenant il seconde le directeur, tout en faisant souvent office de Maître de cérémonie.

9 BOIRE À LA COUPE D'AMERTUME

Au cours des épreuves du premier grade, un breuvage est bu par le postulant à une coupe dite «d'amertume» ou «coupe des libations»[42]; l'émotion gustative crée un choc sensoriel qui se transformera en souvenir durable.

Les stricts rituels du RÉAA ne prévoient que deux coupes, la coupe des libations, insipide puis amère (avec un peu d'aloès), qui est présentée avant le premier voyage au moment du serment. Elle est le symbole de l'amertume et du remords que laisserait, dans le cœur du récipiendaire, le parjure qui aurait souillé ses lèvres, s'il manquait à sa parole solennellement donnée de garder le silence sur les épreuves qu'il va subir. Ainsi, on trouve, dans le *Cahier des Rituels des trois degrés symboliques au Rite écossais ancien-accepté*, les précisions de la posture et du

---

[42] Le terme « libation » renvoie au vocabulaire des anciens rites sacrificiels: il désigne l'action de répandre un liquide (du vin, de l'huile, du lait) en offrande à une divinité, sur le sol ou sur un autel.

contenu verbal du serment des rituels pratiqués au XIXe Siècle[43].

Au RÉAA, pratiqué notamment au DH, lors de la cérémonie d'initiation au premier degré, le récipiendaire, encore sous le bandeau, boit successivement à trois coupes différentes dans lesquelles a été versé un breuvage qui, de doux d'abord devient très amer, puis redevient encore plus doux. Par analogie, le breuvage amer rappelle la difficulté que présente le chemin de la vertu; l'initié doit montrer qu'en surmontant son dégoût sa persévérance dans l'effort lui permettra de trouver la sérénité de l'adepte. Cette coupe est emblématique: l'amertume de ce breuvage symbolise la difficulté que l'on a à quitter les mauvaises habitudes que l'on a contractées. Comme il est rapporté par J.-é. Marconis de Négre dans *Le Rameau d'Or d'Éleusis*[44]:

---

[43] p. 51: <tinyurl.com/cahier-des-rituels>.

[44] Dont le titre complet est: *Le Rameau d'Or d'Éleusis, contenant: L'Histoire abrégée de la Maçonnerie, son origine, ses mystères, son action civilisatrice, son but et son introduction dans les divers pays du monde; l'origine de tous les rites et les noms de leurs fondateurs; le tableau de toutes les grandes Loges, le lieu où elles sont établies, l'année de leur fondation; le rite qu'elles professent, le nom de tous les grands maîtres qui les régissent; le nombre de celles qui en relèvent; les quatre-vingt-quinze Rituels de la Maçonnerie, renfermant toutes les connaissances des rites les l'lus universellement pratiqué', l'explication de tous les symboles, emblèmes, allégories, hiéroglyphes, signes caractéristiques de tous les degrés, et le Calendrier perpétuel de tous les rites maçonniques; le Kadosh templier avec l'agape des anciens initiés; le grand Chapitre des Chevaliers de la Rose croissante; le Tuileur universel; les cinq Rituels de la Maçonnerie d'adoption pour les dames, avec le Tuileur complet, etc.* (p.86): <tinyurl.com/rameau-dor-dEleusis>.

«Suivez avec courage le chemin de la vertu, et ne vous laissez jamais rebuter par les contrariétés que les passions pourront vous opposer».

La coupe présentée au Rite Opératif de Salomon est appelée «coupe sacrée». Au Rite de Memphis-Misraïm, une première coupe est offerte à l'impétrant aux yeux bandés qui vient de passer par la porte basse et avant de lui faire faire les trois voyages. C'est le Breuvage de l'Oubli (recommandée par le rituel: une infusion froide d'aubépine): «ce breuvage a pour but de vous dépersonnaliser. Quelques semaines après son ingestion inoffensive quant à la santé physique, votre personnalité passée se dissoudra lentement. Insensiblement, avec les jours, vous deviendrez un autre être. Lentement mais sûrement, l'égrégore qui anime et conduit notre antique Société vous pénétrera, substituera sa volonté à la vôtre et, au prochain anniversaire de votre Réception, il ne restera plus rien de l'homme (la femme) que vous êtes actuellement». Puis une deuxième coupe est présentée au néophyte juste avant qu'il ne prête son serment, qu'il boit en trois fois. Il s'agit d'un breuvage amer (recommandée par le rituel: une infusion de gentiane), celui de mémoire, l'eau de Mnémosyne. «Tout à l'heure, vous avez bu le Breuvage de l'Oubli, destiné à vous dépersonnaliser, à vous enlever tout volonté propre. Voici une seconde coupe, celle du Breuvage de Mémoire, l'eau de Mnémosyne… Quand vous l'aurez absorbée, votre possession sera totale, absolue, l'Âme occulte de la Maçonnerie tout entière sera passée en vous». Le choc de ce goût amer éveille en l'impétrant la mémoire d'un monde passé, d'une unité primordiale dont il ne reste que le souvenir dans les formes acquises par les vertus que l'initiation lui propose de pratiquer; toute initiation a vocation à retrouver la mémoire des origines. Cette pratique le fera renaître à une vie plus spirituelle, dans laquelle il sera amené à gravir une échelle de valeurs autres et bien supérieures à celle de la simple existence profane. À chaque pas, le récipiendaire des mystères d'Éleusis était menacé de la Mort et ce n'est qu'en montrant qu'il était toujours prêt à la subir qu'il atteignait aux dernières révélations. Une des épreuves les plus terribles qu'il eût à supporter était la suivante: Deux verres étaient placés devant lui. Le grand prêtre lui disait: «Fils de la Terre, un de ces deux verres contient un poison terrible. Si vraiment tu crois à l'au-delà, si tu n'as pas peur de mourir, choisis un de ces verres et bois. Puissent les Dieux te protéger!» En cas de refus, le récipiendaire était emprisonné jusqu'à sa mort. Les épreuves d'initiation à différents degrés étaient marquées par absorption de breuvage à retrouver dans *Crata Repoa, ou initiations aux anciens mystères des prêtres d'Égypte*[45].

Au ROPM, une troisième coupe, contenant du lait, est offerte au nouvel initié, juste avant qu'il n'effectue son premier travail sur la pierre brute, en lui expliquant que ce breuvage est «*à la fois symbolique et sacramentel, il vous procurera la vitalité pour renaître à votre vie nouvelle, car il est, comme le sang qui bouillonnait dans le Saint Graal, la fermentation ignée de la vie ou de la mixtion génératrice, la nourriture des enfants et des dieux; et par là même le divin sera en vous*». *Sang Ra All*, «le rayon vient du cosmos», nommé *Gardal* sur les bords ldu Nil, il est devenu *Gradal*... puis

---

[45] Crata repoa ou initiations aux anciens mystères des prêtres d'Égypte, 1821: <tinyurl.com/crata-repoa-mysteres-d-Egypte>.

Graal. C'était dans ce Gardal que les prêtres conservaient le feu matériel, comme les prêtresses y conservaient le feu céleste de Ptah [note de bas de page du rituel d'initiation au ROPM].

Grande Loge générale écossaise (1804) et *Thuileur* RÉAA de De Grasse-Tilly (1813)	*Guide des maçons écossais* (vers 1806-1811, publié vers 1816-1821)	*Rituel des trois premiers degrés* selon les anciens cahiers (1829)
Au bas des degrés de l'autel, sur une coupe sacrée. Boire une coupe d'eau, puis une eau amère. *Je m'engage au silence le plus absolu sur tous les genres d'épreuves auxquels sera livré mon courage; si je dois fausser mon Serment et manquer à mes devoirs, si l'esprit de curiosité me conduit ici, je consens que la douceur de ce breuvage se change en amertume et que son effet salutaire tourne contre moi en poison subtil*	À genoux au bas des degrés de l'autel. Boire dans la coupe sacrée un peu d'eau puis d'eau additionnée de bitter. *Je m'engage au silence le plus absolu sur tous les genres d'épreuves auxquels sera livré mon courage*	Agenouillé au pied de l'autel. Boire une coupe d'eau douce, puis une coupe de mixtion amère. *Je m'engage sur l'honneur au silence le plus absolu sur tous les genres d'épreuves auxquelles on pourra soumettre mon courage*

Rappelons que l'on présentait au nouveau Prophète, c'est-à-dire à l'initié au septième et dernier grade de l'initiation des prêtres égyptiens, un breuvage nommé *Oimellas* (du vin et du miel), et on lui disait qu'il était parvenu au terme de toutes les épreuves. Il y a lieu de croire que le breuvage d'une liqueur douce et agréable que l'on présentait au nouveau Prophète était une allégorie qui devait signifier que, dorénavant, il n'aurait que les douceurs de la science à recueillir.[46]

Dans les rituels anglo-saxons, il n'existe aucune coupe aux grades symboliques.

---

[46] p. 39 et Note de l'éditeur M, p.50 *Crata Repoa, ou Initiations aux mystères des prêtres d'Égypte,* 1821: <tinyurl.com/crata-repoa-mysteres-d-Egypte>.

10 J'AI BIEN BU, J'AI BIEN MANGÉ…
AU BANQUET D'ORDRE

De nombreuses traditions enseignent que la régénération de l'homme déchu se fait par l'administration d'une nourriture ou d'un breuvage, qu'il s'agisse d'un Élixir, d'une communion ou de l'ambroisie. Il semble bien qu'il y ait une transformation physique et concrète, provoquée par un aliment.

Dans les sociétés secrètes égyptiennes, le banquet marquait le premier degré de l'initiation. Dans les anciens cultes grecs, et notamment chez les Pythagoriciens, le caractère sacré du banquet était si fort que les adeptes n'étaient admis au repas qu'au bout d'une durée de trois à cinq ans après leur entrée dans l'Ordre.

La Syssitie était un repas au cours duquel, dans une coupe rituelle, les grecs mettaient un peu de farine, un peu de miel, et du vin de Samos. Après avoir bien mélangé, ils déversaient une cuillerée de ce mélange dans le feu sacré, et offraient ainsi à la divinité une part du repas sacré, puis la coupe circulait parmi les célébrants. «Ceux qui auront invités les dieux à leur table», dit

Hérodote, seront invités, après la mort au banquet éternel dans les iles des Bienheureux».

À l'époque de Platon, le banquet était en fait une réunion en deux temps: d'abord un repas, au cours duquel on ne buvait pas, qui se terminait par une libation de vin pur, c'est-à-dire par le versement sur le sol d'une partie en offrande aux dieux. Ensuite venait le symposium, proprement le nom du banquet, marqué par la modération de la consommation de nourriture et de vin, moment consacré aux échanges. Le plus célèbre Banquet est celui décrit par Platon qui se situerait en 416 avant notre ère[47].

En Franc-maçonnerie, au XVIIIe siècle, cette pratique de la bombance dans les Loges spéculatives était à tel point commune qu'on avait coutume d'appeler les francs-maçons «Frères de l'estomac». On trouve aussi comme moquerie l'expression «Chevaliers de l'estomac»[48].

Dans une lettre de Laurence Dermott, ajoutée en 1764 à la 5ème édition de l'ouvrage intitulé *The Constitution of Freemason, or Ahiman Rezon*[49], on peut lire une philippique évoquant les banquets des *Moderns*: «On crut convenable d'abolir l'ancien usage de s'occuper en loge de l'étude de la géométrie, et il parut, à quelques-uns des jeunes Frères, qu'un bon couteau et une bonne fourchette dans les mains d'un habile Frère, appliqués sur des matériaux convenables, donneraient une plus grande satisfaction, et

---

[47] Vidéo: <tinyurl.com/le-Banquet-de-Platon>.

[48] <tinyurl.com/exposition-franc-maconnerie>.

[49] Ahiman Rezon or help to all that are free and accepted masons... Paragraphe XXX: <tinyurl.com/Ahiman-rezon>.

ajouteraient à la gaité que l'échelle la plus solide et le meilleur compas…».

L'ébriété, qui ne manquait sans doute pas lors de ces banquets, était souvent évoquée non seulement par des profanes de l'époque, mais aussi dans les divulgations: «si l'heure ne permet pas que l'on fasse l'instruction de la Loge, … Ils enlèvent leurs bijoux et ils se saoulent comme des Francs-Maçons». En 1720, dans des paroles de chansonniers maçonniques on trouve aussi: «On vous fait maçon pour 5 guinées, c'est peu cher payé, et ensuite vous pouvez appeler les Lords et Ducs votre frère, vous avez des gants, un tablier blanc, vous vous soulez et voilà c'est tout»

Bien sûr, les abus n'étaient pas rares; ainsi, la gravure satirique de William Hogarth, intitulée *La Nuit*, montre un franc-maçon sortant d'une taverne dans un état que l'on peut qualifier de «chargé»[50]. Ce personnage est généralement considéré comme le Vénérable de la loge d'Hogart, Sir Thomas de Veil, soutenu par le garde de la loge maçonnique *(tyler)*, identifié comme Andrew Montgomerie, grand fabricant de perruques. Cependant, Philippe Langlet, dans *Lecture d'images de la Franc-Maçonnerie,* pense qu'il s'agirait plutôt d'un aubergiste, au vu du ciseau à moucher les chandelles qui pend sur son tablier (et non la clef de la loge), comme il a pu en voir sur une autre gravure d'un aubergiste portant le même tablier.

Le fait que les premières loges se soient réunies dans des tavernes – dont elles portaient le nom – peut facilement

---

[50] Gravure de William Hogarth: <tinyurl.com/Hogarth-la-nuit>.

expliquer leur mauvaise réputation[51]. Ainsi, le nom «À l'Oie et le Gril» la taverne d'une des 4 loges qui se réunirent en Grande Loge de Londres et de Westminster, était une parodie de la société musicale le Cygne et la Lyre d'Apollon qui avait l'habitude de se réunir dans le même bâtiment avant que celui-ci n'eût été transformé en taverne. Mais surtout, comme on le rapporte le *Nouveau catéchisme des francs-maçons* en 1740: «C'est parce que les loges parisiennes ne connurent d'abord d'autre mode de travail que les banquets, qu'elles se réunissaient invariablement chez des restaurateurs. Parmi ceux-ci, il s'en trouva qui cherchèrent à exploiter la situation, en se faisant recevoir Maçons et même en acquérant le droit de tenir loge. Or, le Maître de Loge qui vendait à boire et à manger avait une tendance naturelle à se préoccuper surtout de ses intérêts commerciaux. Sous sa direction, les travaux maçonniques risquaient fort de perdre le caractère de dignité qui leur convient. Cela conduisit, par la suite, à de graves abus. Certaines loges donnèrent lieu, en effet, à des critiques malheureusement trop justifiées. On y admettait n'importe quel candidat, pourvu qu'il fût en état de subvenir aux frais d'initiation; puis, les «travaux de mastication» devinrent ouvertement la chose essentielle, l'Instruction maçonnique se concentrait avec prédilection sur ce vocabulaire grotesque et aucunement initiatique, dont on persiste parfois à faire usage dans les agapes ou banquets d'ordre[52]«.

---

[51] Lurker, *Banquet d'Ordre au Rite Français*: <tinyurl.com/Banquet-d-ordre-au-RF>.
[52] Oswald Wirth, *La Franc-maçonnerie rendue intelligible à ses adeptes*, 1923, p.12: <tinyurl.com/le-livre-de-l-apprenti>.

En réponse aux détracteurs le Chevalier Andrew de Ramsay écrivit notamment: «Nos festins ne sont pas ce que le monde profane et l'ignorant vulgaire s'imaginent. Tous les vices du cœur et de l'esprit en sont bannis et l'on a proscrit l'irréligion et le libertinage, l'incrédulité et la débauche. Nos repas ressemblent à ces vertueux soupers d'Horace où l'on s'entretenait de tout ce qui pouvait éclairer l'esprit, régler le cœur et inspirer le goût du vrai, du bon et du beau»[53]

Il semble qu'à cette époque où les partis politiques et guildes étaient interdits, l'organisation de banquets permettait de se retrouver autour d'un prétexte festif autorisé[54]. «La plupart des Assemblées de Francs-Maçons se tiennent chez des Traiteurs, ou Marchands de Vin. Quelquefois la Réception se fait en maison Bourgeoise, et le repas au Cabaret; le Cabaret préféré est celui dont l'Hôte; les Valets sont initiés dans l'Ordre, ce qu'ils croient un abri contre la Police».

Les articles 22 à 27 des *Règlements généraux des Constitutions d'Anderson* de 1738 évoquent l'organisation d'un banquet annuel, comme l'avaient déjà prévu les articles 22 à 30 des *Règlements généraux* de 1720[55] de la Grande loge de Londres et de Westminster sous le nom de «festin». Durant les périodes postrévolutionnaires, alors que la Maçonnerie était en sommeil, le banquet était un moyen parfait de se rencontrer.

---

[53] Ramsay, Lecture d'un texte initialement prévue pour le 21 mars 1737: <academia.edu/34983131/>

[54] (p.101), *Nouveau catéchisme des francs-maçons. 1440 depuis le Déluge (1740)*: <tinyurl.com/nouveau-catechisme-des-fm>.

[55] *Constitution, histoires, loix, charges, règlements et usages de la très vénérable confrairie des acceptés francs-maçons.*, p. 75: <tinyurl.com/usages-des-francs-macons>.

Ce qui ne fait aucun doute, c'est la permanence de la pratique du festin parmi les maçons, notamment comme élément de réception[56] puisque, selon les ordonnances royales qui règlementaient le métier, la réception des nouveaux maçons devait être suivie d'un grand repas pris en commun[57] au cours duquel étaient échangées des accolades fraternelles et feraient circuler le message de paix grâce au pain et au vin. Cependant, il y a une ambiguïté dans le texte qui pourrait laisser penser que la cérémonie se déroulait lors du banquet. Ainsi lit-on à l'Article 9 dans les *Statuts Willam Schaw de* 1599, «Il est ordonné, par Monseigneur le Surveillant général, que tous les anciens statuts et règlements, établis par les prédécesseurs des maçons de Kilwinning, soient, à l'avenir, fidèlement observés par les gens du métier, et que tout apprenti ou compagnon ne pourra désormais qu'être reçu dans l'église de Kilwinning uniquement, sa paroisse et seconde loge; et que tous les banquets de réception des apprentis ou des compagnons se feront dans ladite Loge de Kilwinning» mais surtout l'article 11: «Tous les apprentis devant être reçus ne le seront que s'ils paient d'abord pour le banquet susdit la somme de six livres, ou bien ils paieront le banquet pour tous les membres du métier appartenant à ladite loge et à ses apprentis».

Ce n'est qu'à la fin de ce siècle que les loges ont commencé à être numérotées. Auparavant, une loge maçonnique tenait son nom de l'auberge, de la taverne

---

[56] G.-L. Pérau, *L'Ordre des francs-maçons trahi et le secret des Mopses révélé*, 1758, p. 69: <tinyurl.com/francs-macons-trahi>.
[57] <anciensdevoirs.com/page-14>.

pubs à Londres, arrière-salles chez les traiteurs à Paris, dans laquelle les frères se rencontraient.

La réunion mythique, qui détermina la naissance de la Grande Loge de Londres et Westminster (celle des Anglais, les *Moderns*), se serait tenue le 24 juin 1717 (ou, selon le calendrier julien en vigueur en Angleterre à l'époque, le 4 juillet de la même année) dans la taverne *At the Apple-Tree* (au Pommier), taverne sur Charles-street, Covent-Garden. Les quatre Loges fondatrices furent outre celle qui recevait 3 autres, *At the Goose and Gridiron*, une brasserie à St. Paul's Church-Yard, une maison en brique de cinq étages avec la salle à manger au deuxième, où se réunissaient les frères, mesurant environ 28 m2; *At the Crown* (à la Couronne), brasserie à Parker's Lane près de Drury Lane; et *At the Rummer and Grape* (à la Coupe et au Raisin, Loge de Désaguliers), sur Channel-Row, à Westminster. Puis, officiellement, le jour de la St. Jean-Baptiste, l'Assemblée et Fête des francs et acceptés maçons fut tenue à la susdite Oie et Gril dans la cour de la cathédrale St. Paul. Avant le dîner, le plus âgé Maître de Loge proposa une liste de candidats convenables; les frères, à la majorité et à main levée, élurent Anthony Sayer (membre de l'*Antiquity Lodge n°1* qui existe encore aujourd'hui), gentilhomme, Grand Maître des maçons lequel fut immédiatement investi des décors de son office par le plus âgé Maître, installé et félicité par l'assemblée qui lui rendit hommage.

Le compte rendu de cette première réunion fut rédigé par James Anderson lui-même en 1738 et repris dans l'édition de 1784. Roger Dachez en dit: «1717 est simplement le mythe historiographique, forgé pour "le bon motif", qui a modelé pour jamais l'organisation de toute la Franc-Maçonnerie à travers le monde. C'est un repère symbolique de l'histoire maçonnique et, en tant que tel, il sera célébré dans le monde entier. Que la France, "Fille ainée de la maçonnerie", puisse être le seul pays où cela ne se produirait pas relèverait donc de l'absurdité pure et simple»[58].

En fait, ce qui fut fondé en ce solstice 1717, n'est ni plus ni moins qu'une société de Tavernes fédérant d'autres clubs du même ordre autour de l'idée d'organiser, en commun, une fête de la Saint-Jean d'été, afin que les festivités coûtent moins cher à chacun. Ce qui reste de très particulier à cette fondation est l'appropriation dont elle fit l'objet.

Dans la mesure où ce regroupement se composait de personnalités scientifiques et culturelles d'importance, il fut convenu de lui donner un nom rappelant une société déjà existante et disposant d'une bonne image de marque, voire d'une tradition de protection et d'une certaine liberté d'action. La maçonnerie ancienne fut donc arbitrairement libérée de ses devoirs et mystères propres pour devenir «libre», *free* et elle fut appelée *freemasonry*.

Quant à la rencontre qui détermina l'existence collective de la *Grand Lodge* (celle des Irlandais, les *Ancients*), elle s'est tenue le 17 juillet 1751 à l'auberge *Turk's Head Tavern* (Taverne de La Tête de Turc) dans la Greek street du quartier nord londonien de Soho, à l'opposé géographique du lieu de fondation de la Loge de 1717 au sud. Et en 1753, à la St Jean d'hiver (par opposition à la St jean d'été où fut créée la Grande Loge de Londres et de Westminster), fut créée la Grande Loge des Anciens. Les tavernes de *Turk's Head* et *Queen's Head* étaient fort

---

[58] Roger Dachez, *Le non-évènement de 1717*: <tinyurl.com/le-non-evenement>.

anciennes et servaient depuis longtemps de siège à des sociétés de sociabilité, des clubs et cercles littéraires, philosophiques et artistiques. C'est dans l'une de ces deux tavernes, la *Queen's Head* que se réunissait la Phylomusicae society, plus ancienne source d'une pratique rituélique du grade de Maître. Cette nouvelle structure prit ensuite l'habitude de se réunir dans une taverne occupée par une huitième Loge qui vint les rejoindre et leur offrir ses locaux; la Loge *«Temple and Sun»* sur Shire Laneà Temple Bar, autre quartier de Londres.

À Paris, le 12 juin 1725, la Loge Saint Thomas, créée à l'instigation de Lord Derwentwater, réfugié catholique jacobite, s'installa dans une taverne-traiteur très fréquentée par les immigrants anglais, chez *Barnabé Hute*, rue de la boucherie. Une Loge concurrente fut installée par les protestants calvinistes en 1732, quelques rues plus loin, à *l'Auberge du Louis d'Argent* (elle apparaît sur le Tableau général des 129 ateliers de 1930 sous le numéro 90)[59].

En 1737, les réunions maçonniques étant prohibées par des ordonnances royales et des arrêts du Parlement, une descente de police menée par le commissaire de police Jean de Lespinay eut lieu à la loge sise chez le *traiteur Chapelot*, rue de la Rapée![60]

---

[59] Planche n° 7a du texte *Cérémonies et coutumes religieuses de tous les peuples du monde* <tinyurl.com/planche7coutumes-du-monde>.

[60] *Cérémonies et coutumes religieuses de tous les peuples du monde*: <tinyurl.com/la-descente-de-police>.

La pratique des Banquets d'Ordre est assez peu attestée dans l'histoire de la maçonnerie, contrairement à celle des simples banquets. Une description de banquet, nommé alors «festin», accompagné de chants, est faite par Louis Travenol en 1744 au chapitre VIII, intitulé *Cérémonie des festins et peines pour fautes commises*[61], de la divulgation *Nouveau Catéchisme ou La désolation des entrepreneurs modernes du temple de Jérusalem, ou Nouveau catéchisme des francs-maçons*

On ne garde pas véritablement de traces de banquets ordonnés par un rituel spécifique avant le tout début du XIXe siècle; cette pratique n'est attestée que sur le continent, plus particulièrement en France.

Les tenues de style Émulation se composent d'une rituélie en loge et d'un banquet protocolaire obligatoire durant lequel il est coutume de livrer les communications ou planches qui pourront faire l'objet de débats fraternels. C'est aussi, dans la bonne pratique, le moment que les Vénérables Maîtres visiteurs choisiront pour donner leurs salutations et impressions. Ce banquet est le strict équivalent de la Chaîne d'Union des rituels continentaux. Ne pas y participer revient à sortir de la chaîne[62].

Le Banquet d'Ordre, ou banquet symbolique, est un repas rituel, considéré comme une tenue d'obligation, organisé le plus souvent aux alentours des solstices

---

[61] Louis Travenol , *Nouveau catéchisme des francs-maçons , contenant tous les mystères de la maçonnerie...* <tinyurl.com/ceremonie-des-festins>.

[62] Truthlurker recherches et symboles, *Protocole de table :* <tinyurl.com/protocole-de-table>.

astronomiques, celui d'hiver qui annonce le renouveau (à la Saint-Jean l'Évangéliste, le 27 décembre) mais aussi celui d'été où le soleil approche le zénith (à la Saint-Jean le Baptiste, le 24 juin). La forme des tables est toute astronomique; au solstice d'été, elle représente la course du soleil dans l'hémisphère supérieur; au solstice d'hiver, celle dans l'hémisphère inférieur. De ce fait, le Vénérable, qui d'après le rituel maçonnique représente le soleil, occupant l'extrémité, ou point solsticial, est toujours le point le plus élevé, en hiver comme en été.

La salle où se fait le Banquet d'Ordre doit être située de façon à ce que l'on ne puisse rien voir du dehors. La table est en fer à cheval, les officiers y occupent une place précise rappelant celles à l'intérieur du temple. Les apprentis servent les mets; les compagnons les vins. Les chandeliers sont placés sur la table. Un ruban délimite le centre de table au long duquel sont alignés les canons (verres) qui, selon le Rite Français Philosophique, doivent être des «verres à feu», c'est-à-dire des verres à fond plat, et non des verres à pied[63].
Le Banquet d'Ordre est une tenue qui se fait à mains nues, sans tablier, seuls les cordons et sautoirs sont portés.

Les travaux de table se composent de sept santés

C'est en souvenir des usages anciens et des honneurs traditionnels rendus à l'occasion des repas rituels que sont portées les santés. Les 7 santés se rapportent aux

---

[63] *Rite Français Philosophique au grade d'Apprenti selon les textes originaux de la Respectable Loge Tolérance GODF*, Paris 1950: <tinyurl.com/rite-francais-philosophique>.

libations que faisaient les initiés perses, égyptiens et grecs, en l'honneur des 7 planètes, dont les jours de la semaine portent leur nom.

~ La première libation était jadis offerte au Soleil, roi de l'univers, à qui la nature doit sa fécondité; elle a été consacrée au souverain.

~ La deuxième libation était offerte à la Lune, à cet astre qui, d'après les anciens, éclairait les mystères les plus secrets. Les Maçons l'ont consacrée à la puissance suprême de l'Ordre qui, pour eux, est après le souverain, le suprême régulateur.

~ La troisième était consacrée à Mars (Arès en Grèce), divinité qui, chez les anciens, présidait également aux conseils et aux combats. Les Maçons en ont fait la santé du Vénérable.

~ La quatrième était celle de Mercure à qui les Égyptiens donnaient le nom d'Anubis, le dieu qui surveille, celui qui annonce l'ouverture ou la cessation des travaux. Elle est devenue la santé des Surveillants qui annoncent, comme Anubis, l'ouverture et la clôture des travaux, et qui sont chargés, comme Mercure, de surveiller les frères dans le temple et hors du temple.

~ La cinquième était offerte à Jupiter, nommé aussi Xénius le dieu de l'hospitalité. Elle est consacrée aux visiteurs et aux ateliers affiliés, c'est-à-dire aux hôtes maçonniques.

~ La sixième était celle de Vénus, la déesse de la génération; cette divinité symbole de la nature fait, dit Lucrèce, le charme des hommes et des dieux. Elle est devenue la santé des officiers, celle des membres de la loge, celle, surtout, des nouveaux initiés.

~ Enfin, la septième libation était offerte à Saturne, à ce dieu des périodes et des temps, dont l'immense orbite semble embrasser la totalité du monde. Elle a été choisie pour la santé de tous les Maçons qui couvrent la surface de la Terre en quelque situation que le sort les ait placés. De même que dans les fêtes de Saturne les esclaves partageaient les plaisirs de leurs Maîtres, et s'asseyaient à leur table; de même aussi chez les Maçons, les servants viennent se mêler aux travaux des frères (et sœurs) pour participer à cette santé générale. On intercale entre la sixième et la septième toutes celles que l'on juge à propos d'ajouter. Les trois premières ainsi que la dernière se tirent debout[64].

Normalement suivant les indications en note de bas de page du *Recueil précieux de la maçonnerie adonhiramite*, ceux à qui on porte la santé ne doivent jamais boire avec les autres, mais après, en acte de remerciements. On y voit que les apprentis demandent la parole pour exprimer leur reconnaissance du témoignage d'estime et d'amitié qu'ils ont reçus; ils le marquent en portant à leur tour une santé[65].

Pour porter les santés, dans la plupart des rites, les frères (et sœurs) se lèvent et se mettent à l'ordre de table comme il est dit: «tous les frères poseront la main droite à plat sur la table, le pouce en équerre. Les frères apprentis disposeront leur serviette (symbole de «pour servir», «au service de») sur le bras gauche, replié en équerre devant le corps. Les frères compagnons la

---

[64] À partir de la page 35, voir le chapitre « Loge de Table ou de Banquet » dans le *Guide des Maçons écossais ou Cahiers des trois grades symboliques du Rit Ancien et Accepté*: <reunir.free.fr/fm/rituels/guide>.

[65] Louis Guillemain Saint-Victor, Publié en 1785, p.34: <tinyurl.com/recueil-precieux>.

porteront sur l'épaule gauche. Les Maîtres, roulée autour du cou. La coupe sera tenue de la main gauche«. Ce n'est donc plus le tablier, mais la serviette, placée en divers endroits du corps des commensaux, qui est la marque du grade du convive.

C'est avec la serviette que se lie la Chaîne d'Union[66]. La Chaîne d'Union la plus couramment pratiquée est celle avec les serviettes croisées. Chaque participant tient, dans la main gauche, l'extrémité gauche de la serviette de son voisin de droite et l'extrémité droite de la sienne réunies. La main droite reste libre. S'il est nécessaire, on peut former la chaîne longue, sans croiser les serviettes, les deux mains étant alors occupées.

Les termes de table employés lors du Banquet d'Ordre sont d'inspiration militaire et alchimique. En voici quelques correspondances:
assiette/tuile; boire/tirer une canonnée;
bouteille/barrique; chaises/stalles; cidre ou bière/poudre jaune; couteau/glaive; cuillère/truelle;
découper/dégrossir; eau/poudre faible,
fourchette/pioche; liqueur/poudre fulminante;
lumières/étoiles; manger/démolir les matériaux; les mets/matériaux; nappe/voile; pain/pierre brute;
plat/plateau; poivre/sable jaune; sel/poivre blanc;
serviette/drapeau; table/plateforme; verre/canon; vin blanc/poudre forte; vin rouge/poudre rouge.

---

[66] On trouvera des instructions en loge de table ainsi que de nombreuses informations sur ce sujet dans le document du *Rite Français Philosophique selon les textes originaux de la Respectable Loge Tolérance* (1970-1985) à partir de la page 127: <en06.fr/wa_files/rituel%20rite%20francais.pdf>

Au Rite Forestier, le banquet est appelé Vente de table. Ce rite emploie d'autres termes de table voici un apercu: table/place à charbon, verres/vans; bouteilles/masses; plats et assiettes/ételles; nappe et serviettes/linge; cuillères /pelles; fourchettes/arcs; les couteaux/haches...

Les cérémonies de table des Hauts Grades, rapportées dans les Thuileurs du début du 19ème siècle, nous en livre les contours, comme par exemple Le *Manuel Maçonnique Ou Tuileur De Tous Les Rites De Maçonnerie Pratiqués*, de Vuillaume, édité en 1820. Ces banquets ou loge de table n'ont que peu de différences sur quelques gestes, sur le vocabulaire[67]. Ainsi, au 4ème degré du 1er ordre des modernes, les verres sont nommés urne et les couteaux des poignards. Au 18ème degré du REAA, les verres portent le nom de calice mais un avertissement prévient: il ne faut pas confondre les banquets avec la cène mystique dont les cérémonies sont décrites dans les rituels. En effet, dans le rituel du dix-huitième degré du RÉAA, on trouve précisé que la réception d'un chevalier Rose-Croix nouvellement consacré porte le nom de «cène».

Évidemment, les acclamations changent selon les degrés.

On retrouve ces divulgations également dans le *Manuel Maçonnique, ou Tuileur des Divers Rites de Maçonnerie pratiqués en France, dans lequel on trouve l'Étymologie et l'Interprétation Des Noms et Des Mots Mystérieux Donnés Dans chacun des*

---

[67] On les consultera en feuilletant les pages 140, 166, dans le *Manuel Maçonnique Ou Tuileur De Tous Les Rites De Maçonnerie Pratiques*, 1820, de Vuillaume: <tinyurl.com/Tuileur-de-tous-les-rites>.

degrés des différents Rites de 1830 avec la description de banquets pratiqués dans les Hauts Grades: «Il y avait, dans l'origine, ce qu'on appelait un réfectoire, où l'on ne mangeait que debout, et où l'on ne servait que des légumes cuits à l'eau… Lorsque le local le permet, on donne à la table la forme d'une croix grecque. Les verres sont nommés calices, la table est désignée sous le nom d'autel. Le surplus des ustensiles a la même dénomination que dans les premiers degrés». Ainsi, on entend dans les commandements pour les santés: «Debout, chevaliers! Le drapeau en sautoir! La main au calice! Haut le calice! On l'élève à la hauteur du front. Vidons le calice en trois temps! Le calice à l'épaule gauche! Le calice à l'épaule droite! Haut le calice! Posons le calice! À moi, pour la batterie! [68]».

Aujourd'hui, pour évoquer les banquets maçonniques, en l'absence de respect de formes rituelles, les francs-maçons parlent d'agape. L'agape est un amour oblatif, c'est-à-dire donnant priorité aux besoins des autres, sur les siens propres. C'est un amour dont l'équivalent latin est *Caritas*, différent de ceux catégoriés par les grecs, à savoir: l'*Eros* charnel, *Philia* pour l'amitié et le plaisir de la compagnie, *Storgê* pour l'affection familiale, *Ludos* λυδός l'amour joueur, *Mania* μανία l'amour obsessionnel, Pragma πρᾶγμα l'amour durable, Philautia φιλαυτια l'amour de soi.

À noter que l'acronyme de «A.G.A.P.E», ἀγάπη, rassemble des principes de la religion chrétienne et de la

---

[68] *Sublime chapitre Bernard de Clairvaux,* « La Cène des Chevaliers Rose-Croix », à partir de la page 63: <fliphtml5.com/lxqr/xefi/basic>.

philosophie stoïcienne: *Agapè* amour; *Gnothi* connais-toi; *Anecho* endure, supporte; *Pistueï*: avoir foi, avoir confiance; *Epodos* prends de la distance, abstiens-toi.

Éclaicies sur les usages maçonniques

11 DÉPOUILLEMENT: NI NU, NI VÊTU

Dépouillement vestimentaire, dépouillement des métaux, dépouillement de la parole, de la liberté gestuelle sont des métanoïa largement pratiquées au cours de cérémonies maçonniques d'initiation. Le dépouillement maçonnique réalisé lors de cette cérémonie d'initiation est une condition de la séparation d'avec l'appartenance à un groupe (profane) pour pouvoir être agrégé à un autre groupe (sacré). Philippe Langlet nous en livre de précieuses réflexions[69].

Le dépouillement des métaux se fait traditionnellement dans les parvis, dans l'intervalle qui sépare le cabinet de réflexion du passage sous la porte basse. Les préparateurs retirent réellement au récipiendaire tous ses métaux sans exception (argent, monnaie, bijoux...). Dépouillé de ses métaux, le franc-maçon renonce à tout ce qui le rattache aux possessions terrestres comme aux mérites profanes. Le dépouillement des métaux est un renoncement moral éclairé par les assimilations des métaux aux vices qu'en faisait Apollonius de Tyane: l'argent à l'esclavage, l'airain à l'orgueil, le fer à l'envie ou à la vengeance.

---

[69] <academia.edu/7620392/>.

Il faut que ce dépouillement soit vécu, afin de passer de la condition de l'avoir à l'état de l'être, de Baal à יהוה.

Raoul Berteaux, dans sa *Symbolique au Grade d'Apprenti*, dit: «Tout porteur de métaux capte à son insu des ondes électromagnétiques. Il est à tout moment soumis à des influences qu'il ne perçoit pas et, a fortiori, qu'il ne contrôle pas». La Franc-maçonnerie invite ses membres à renoncer à tous leurs préjugés, habitudes et névroses et en particulier à la puissante névrose de l'ego. Il faut un regard de courage pour se remettre en question. Ce n'est pas la complaisance que le miroir propose. Devenir sensible à sa vie quotidienne et vouloir la modifier consciemment en trouvant une tonalité du cœur n'est pas simplement une pensée philosophique mais un réel travail spirituel demandant un effort et une volonté active pour sacrifier quelque chose, pour renoncer à des modalités du moi afin de se créer autre et d'agir sur le monde. On y voit un pacte de renoncement narcissique en échange d'une espérance totale comme l'écrit Daniel Pons: «Créateur, mon frère, lorsque tu sentiras ton corps d'éphémère t'abandonner, souviens-toi alors que la barque d'Isis est un char qui conduit, vers l'éternité, tous les corps exténués à force de s'être surpassés».

On parle aussi d'abandon du vieil homme.

Dans la maçonnerie anglo-saxonne, le dépouillement des métaux est tombé en désuétude. Le rite consacre beaucoup de soins à la préparation vestimentaire du candidat, insiste très fort sur le fait qu'il doit se présenter à l'Initiation *nor naked nor clad*, ni nu ni vêtu, préparé dans son cœur. Les Américains du rite Émulation obligent même le récipiendaire à se déshabiller complètement et à endosser une sorte de pyjama. Mais ils ne parlent ni des quatre éléments ni des métaux, avec autant d'insistance que la Maçonnerie continentale.

Se dépouiller de ses outils pour un compagnon, c'est se libérer des supports qui ont permis l'acquisition du degré de connaissance qui, si elle a été véritablement été acquise, serait alors intégrée à l'être. Pour pouvoir accéder à un degré d'ordre supérieur, «il conviendrait que cette connaissance du compagnon laisse la voie libre à nouveau et par là, qu'elle se débarrasse de tout ce qui, maintenant, est devenu extérieur à l'être et qui gênerait pour ce prochain passage, même si ces outils ont été nécessaires jusqu'alors».

Dans la Bible le serpent est présenté en Genèse,3,1 comme "aroum" (עָרוּם) rusé, mais ce mot a aussi comme traduction "sage", "presque nu"," avec des vêtements déchirés". Ce qualificatif se retrouve en Genèse;3,7 pour parler de l'état dans lequel se découvrent Adam et Ève (souvent traduit par nus) et en Isaïe, 20, 2 associé avec le mot déchaussé, iaheph (יָחֵף), état dans lequel Dieu ordonne à Isaïe de se mettre avant de prophétiser, en somme **ni nu ni vêtu**!

Ni nu, ni vêtu

Le premier vêtement de l'humain fut sa peau.
Les prêtres égyptiens, pour sacrifier au soleil, déposaient leurs bagues et leurs autres ornements d'or ou d'argent[70].

---

[70]Note 2, p. 46, *Manuel maçonnique ou Tuileur de tous les rites maçonniques pratiqués en France,…*, 1820, par un vétéran de la

Dans la plupart des rites, ni nu ni vêtu est l'état dans lequel est l'impétrant au début de la cérémonie d'initiation. En fait, le futur initié est bras et sein gauche découverts, autrement dit le cœur découvert en signe de sincérité et de franchise, jambe et genou droits mis à nu pour marquer les sentiments d'humilité qui doivent présider à la poursuite du vrai, pied gauche déchaussé» (monocrépis) à l'imitation et en souvenir du héros antique qui boitait dans les ténèbres (Jason, l'argonaute, à la conquête de la Toison d'or).

Dans la zone d'influence indienne, il est coutume pour les religieux bouddhistes de garder le bras droit dénudé. C'est aussi une marque d'humilité, un signe de respect vis à vis des personnes présentes. Par conséquent, le disciple aura soin d'avoir le bras dénudé devant son/ses maîtres. Par ailleurs, ce bras dénudé montre qu'on est prêt à travailler (un peu comme ici, on se retrousse les manches pour se mettre à l'ouvrage).

Albert G.Mackey emploie le mot «discalcéation» pour évoquer le déchaussement d'un pied[71]. C'est l'ordre donné à Isaïe en Is, 20, 2 de se mettre «aroum» et «iaheph» (עָרוֹם וְיָחֵף), «en habits déchirés» et «déchaussé» avant de prophétiser. Dans la bible hébraïque, au livre de Josué, il est écrit «ôte ta chaussure de tes pieds, car tu entres sur un lieu sacré». On pense souvent que c'est peut-être là l'origine de cette posture.

---

maçonnerie, supposé être Claude-André Vuillaume: <tinyurl.com/Tuileur-de-tous-les-rites>.
[71] *The Symbolism of Freemasonry*, chap. XVIII, Le Rite de Discalceation, 1882: <tinyurl.com/la-discaleation>.

Mais la signification serait davantage à rechercher dans le Livre de Ruth.

Dans certains rituels (comme celui de Duncan), le Candidat se tient au coin Nord-Est et donne sa chaussure gauche au Vénérable Maître pendant que les versets bibliques de l'achat de Ruth par Boaz sont lus: «un homme arracha sa chaussure et donna à son prochain; et ceci fut un témoignage en Israël; c'est pourquoi le parent dit à Booz: Achète-le pour toi. Alors il a retiré sa chaussure». En effet, «jadis, en Israël, quand il s'agissait de rachat ou d'échange, tel était le procédé pour rendre définitif un contrat: l'un des contractants retirait sa sandale et la donnait à l'autre» (Ruth; 4, 4 à 9). Ainsi, au Rite York, les Frères sont appelés à témoigner que le récipiendaire est entré dans la Franc-maçonnerie et qu'il est en train de ratifier son engagement avec la Loge. Sa chaussure lui est ensuite rendue.

Dans le *Manuscrit Wilkinson* de 1727, il est écrit: «Q: Comment fûtes-vous reçu Maçon? R: Ni assis, ni debout, ni nu, ni vêtu, mais selon les formes requises. Q: Que sont les formes requises? R: Avec le genou dénudé en terre dans les branches de l'équerre et ma main gauche sur la Bible, ma main droite étendue, avec le compas sur le sein gauche dénudé; [dans cette disposition] je pris l'obligation solennelle du Maçon». On trouve aussi dans le *Dialogue entre Simon, maçon sédentaire, et Philippe, maçon passant*[72], reprise du rituel de la nouvelle Franc-maçonnerie de la Grande loge de Londres et Westminster paru en 1725: «Philip: Comment avez-vous été reçu maçon? Simon: Ni nu, ni vêtu, ni debout, ni

---

[72] p. 177: <tinyurl.com/harry-Carr-catechismes>.

couché, ni à genoux, ni debout, ni pieds nus, ni chaussé, mais de manière rituelle» (le 12 décembre 1728, l'Ipswich Journal relate un «accident» de réception où le récipiendaire s'est enfui dans la rue devant la tentative de le mettre dans cette tenue symbolique[73].

Dans le *Maçon démasqué ou le vrai secret des franc-mâcons* de 1786, on trouve une explication: «on lui découvre la mamelle gauche pour représenter l'innocence de son cœur, et la pureté de ses intentions. On lui met le pied gauche en Pantoufle par allusion à ce que Dieu dit à Moyse auprès du buisson ardent, défais les souliers de tes pieds, car la terre, sur laquelle tu marches, est une terre sainte (Ex;3,5).
On lui tient le genou droit nu, en mémoire des «Calus» que St. Jean, Patron de l'Ordre, avait aux genoux».

Dans le *catéchisme d'apprenti du Recueil précieux de la maçonnerie adonhiramite* (1785) on trouve une autre explication: Q. Pourquoi l'Expert vous mit-il ni nu ni vêtu? R. Pour me prouver que le luxe est un vice qui n'en impose qu'au vulgaire; & que l'homme qui veut être vertueux doit le mettre au-dessus des préjugés[74].

On peut penser qu'en absence de casier judiciaire au XVIIIe siècle, l'épaule dénudée aurait permis de vérifier que le futur initié n'était pas marqué de la fleur de lys, symbole de la condamnation royale (non vérifié).
Plus probablement, la gorge dénudée permettait, sans doute, de vérifier que ce n'était pas une femme qui se

---

[73] Michel König, 1717-1747: Les 30 glorieuses de la Grand Loge des Modernes vues par la presse de l'époque, Numérilivre.
[74] < tinyurl.com/usage-ni-nu-ni-vetu>.

présentait à l'initiation: «Et la mamelle gauche découverte vous apprend que comme nous n'admettons aucune femme dans nos loges, nous craignons d'être trompés par le déguisement dont elles pourraient se servir pour pénétrer nos mystères»[75].

Des abus de cette pratique ont été constatés dans des loges mixtes[76].

Pour Oscar Wirth: «La région du cœur est mise à découvert par allusion à l'absolue sincérité du récipiendaire; la nudité du genou veut qu'en le ployant, il entre directement en contact avec un sol sacré, que foule de son côté, le pied déchaussé». La tradition rapporte que le genou est le siège de la force du corps, permettant la station debout et le mouvement en parfaite verticalité, apanage de 1'homme qui lui permet de joindre la terre et le ciel. Si, de plus, on remarque que le pied, le genou et le cœur sont placés en proportion dorée, apparaît le lien primordial avec le siège de la conscience.

Au cours de son élévation du Rite de Misraïm, le compagnon **doit être sans chaussures, les bras et le sein nus, il doit avoir une petite équerre pendue au bras droit, une corde à la ceinture faisant trois tours.**

Dans les rituels des Hauts Grades de Memphis Misraïm, l'adepte sera revêtu de manteaux de différentes couleurs;

---

[75] L'ordre des francs-maçons trahi et le secret des mopses...,1758, p. 53: <tinyurl.com/mamelle-decouverte>.
et page 45 du Statuts et règlements particuliers pour la police de la Loge...du comte de Clairmont, 1768.
[76] La maçonne: <tinyurl.com/abus-en-mixite>.

celui d'azur est à la fois une barrière protectrice contre les assauts du dehors et la coque d'un œuf psychique où l'initié se replie sur lui-même, reçoit les ondes cosmiques et fait germer en lui la moisson spirituelle. La tradition du manteau est hellénique et pythagoricienne, c'est le vêtement classique du philosophe.

Mi-nu, mi-vêtu serait une bonne expression car si l'impétrant doit abandonner le vieil homme, il n'en reste pas moins lui-même, non pas comme un nourrisson, mais comme une conscience organisée par sa vie profane, avec ce qui fait de lui une personne unique et le constitue comme autre. Mi-nu pour pouvoir se revêtir d'un nouveau mythème, mi-vêtu pour être pierre solide pour aider à la construction du temple. Mi-nu, mi-vêtu supprime l'incertitude du ni nu ni vêtu.

Dans le sens de mi-nu mi-vêtu, on peut voir, avec à la sortie du cabinet de réflexion, que les vêtements profanes de l'impétrant se sont déchirés comme dans une germination de graine, germination d'un nouvel être dont les vêtements sont assimilés à sa «peau» qui va devenir lumière; en hébreu les mots peau, âur (עור) et lumière, aur (אור) sont semblables…

Ce dénudement du récipiendaire est conforme à de très nombreuses traditions initiatiques qui commencent par un renoncement, une dépouillement, on dit alors abandonner le vieil homme.

Une fois «pelé», le récipiendaire devient un pèlerin.

12 REMERCIER N'EST PAS TOUJOURS DIRE MERCI

Lorsque qu'un frère (ou une sœur) remercie en loge, il est souvent repris par cette sentence: «on ne remercie pas en Loge!».

Étonnant dans une société où la courtoisie[77] est considérée comme une vertu[78]. Le philosophe André Comte-Sponville en fait même la mère des vertus[79].

Pourtant les termes *remercier* / *remerciement* apparaissent bien dans les rituels maçonniques du XVIIIe siècle:
- Publié en 1785, le *Recueil précieux de la maçonnerie adonhiramite* précise: ceux de qui on porte la santé ne doivent jamais boire avec les autres, mais après, **en acte**

---

[77] Attitude de politesse reconnaissant la générosité de l'autre par un remerciement.

[78] Dante affirme qu'à cet âge [de compagnon] la tâche fondamentale qu'il faut accomplir consiste à rechercher sa propre perfection, et il considère à ce propos qu'il est nécessaire de développer cinq vertus: la tempérance, la force, la fraternité, la courtoisie et la loyauté.

[79] À partir de 19'38: <tinyurl.com/Comte-Sponville-spiritualites>.

de remerciements. On y voit que les apprentis demandent la parole pour exprimer leur reconnaissance du témoignage d'estime et d'amitié qu'ils ont reçus; ils le marquent en portant à leur tour une santé[80].

- Le *Manuel du franc-maçon* de Bazot (1817) mentionne le fait de remercier en loge[81].

Alors d'où peut provenir cette assertion «on ne remercie pas en Loge» pour le moins surprenante?

Plusieurs hypothèses sont proposées:

1) «Dans beaucoup d'états, quand un Compagnon de métier avait fini son tour de France et qu'il voulait se fixer dans un lieu quelconque, **il remerciait sa Société**, c'est-à-dire qu'il s'en retirait muni d'un certificat, à lui délivré dans une grande réunion, par ses confrères, certificat attestant la moralité et la conduite sage de celui qui l'obtient: ce certificat est une **sorte de congé**. Celui qui a remercié n'appartient plus à la Société active, il n'y doit plus rien, il est indépendant. Il reste cependant attaché de cœur à cette Société et l'aime comme un bon soldat aime son régiment et ses vieux compagnons d'armes, avec lesquels il a souffert et combattu longtemps; il l'aime même à un degré supérieur, car son attachement fut toujours libre et ne dura qu'autant qu'il le voulut: aussi cette Société pourrait encore dans une

---

[80] Louis Guillemain Saint-Victor, *Recueil précieux de la maçonnerie adonhiramite,* 1785, p.34: <tinyurl.com/Recueil-precieux-FM>.

[81] À la 3ème et 5ème santé du banquet d'ordre, p. 192: <tinyurl.com/Manuel-du-franc-macon>.

grande occasion compter sur ses secours pécuniaires et sur sa personne.[82]

«On ne remercie jamais en Loge», pourrait prendre alors la signification qu'avoir été initié crée un lien affectif et solidaire entre frères et sœurs ***qui ne change pas, même en quittant la Franc-Maçonnerie.*** La réalité récuse cette hypothèse!

2) Cependant il est des Sociétés où l'on ne remerciait jamais dans ce sens de congé; celle des Compagnons étrangers tailleurs de pierre est de ce nombre! C'est Perdiguier qui nour renseigne sur ce detail.

D'où une deuxième explication: ***«Les compagnons tailleurs de pierre, dont nous sommes les héritiers, n'avaient pas pour habitude de remercier. Nous devons nous conformer à cet usage».***

Ce même glissement sémantique de cette explication n'est pas davantage satisfaisant puisqu'il n'est pas de circonstance: "on ne remercie pas en loge" est une remarque faite justement à celui qui est en loge!

3) «**Dans une vision progressiste et socialisante**, la lutte contre les puissants et **pour l'émancipation sociale** a entrainé l'idée que des actes aussi simples que la demande d'excuse ou les remerciements étaient la marque infaillible de l'hommage que les faibles – ou les "opprimés" – faisaient par obligation aux élites dominantes – les "oppresseurs"! Le franc-maçon, à

---

[82] Agricol Pertiguier, *Le livre du compagnonnage*, T1, 1857, p.69-70: <tinyurl.com/le-lvre-du-compagnonnage>.

l'avant-garde du combat social, se devait de **renoncer à ces manifestations de servilité**. Dans cette ambiance intellectuelle nouvelle, le principe de l'égalité foncière de tous les Frères a peu à peu imposé l'idée qu'ils ne se devaient ni excuse ni remerciement...[83]» En portugais, merci se dit "*obligo*" et rend bien compte de cette vision du rapport induit par un remerciement. Poussé à l'extrême, on pourrait le comprendre comme "se mettre à la merci" d'un autre.

Pourtant, le remerciement c'est aussi le témoignage d'une reconnaissance. Les francs-maçons devraient-ils se montrer ingrats à cause de la trace des usages de francs-maçons opératifs ou d'un relent de lutte des classes?

Comment se contenter de ces explications puisque dire merci est aussi une «obligation» de bienséance entre égaux[84] (montrer que l'on se sent l'obligé d'avoir reçu, **le merci étant une façon de donner réciproquement**), une politesse, une des «choses tendres de la vie». Alors témoigner par un mot de gratitude pour ce qu'on a reçu en partage, le travail d'une planche par exemple, par un remerciement serait-il inconvenant?

A priori, dans le monde profane, ce serait la moindre des choses. Seulement voilà: écouter une planche se passe lors d'une tenue avec une caractéristique rituelle très

---

[83] Roger Dachez, *On ne remercie pas en franc-maçonnerie - et on ne s'excuse pas non plus*: <tinyurl.com/on-ne-s-excuse-pas>.
[84] Agricol Pertiguier, *Le livre du compagnonnage*, T1, 1857, p. 237: Languedoc -**Vous avez bien des bontés** pour moi, Pays Provençal, et pour tout cela **je ne peux que vous remercier**: <tinyurl.com/dialogue-compagnons>.

Éclaicies sur les usages maçonniques

particulière. Celui qui parle s'adresse à tous les présents, pas en particulier à celui qui voudrait remercier. *La parole est donnée pour tous.* Alors remercier ne serait-ce pas s'approprier la totalité indivisible de ce qui est offert et manifester un égotisme?

Comment faire pour ne pas priver le frère (ou la sœur) qui a planché du plaisir/salaire qu'il éprouverait à recevoir cette «douceur de la vie». Le **Vénérable seul** ne pourrait-il le faire, en **remerciant au nom de tous les frères et sœurs présents**? Il conviendrait qu'il le fasse pour chaque planche, quelle que soit sa qualité, **afin de suspendre tout jugement**. Autrement dit, **il conviendrait que ce soit une phrase du rituel** et non des témoignages d'affection ou d'appréciation qui peuvent toujours se faire ensuite en salle humide.
Et c'est tout autant au nom de tous les frères et sœurs que le Vénérable **remercie les visiteurs** parce qu'ils viennent aider au travail sur le chantier.

Les *Mains en prière* est un dessin réalisé par Albecht Dürer pour remercier son frère Albert de lui avoir financé ses études tandis que ce dernier s'abîmait à la mine[85].

Je vous laisse écouter Sinéad O'Connor
dans *Thank You For Hearing Me*.[86]

---

[85] Exécuté vers 1508, Musée Albertina, Vienne
[86] Sinéad O'Connor, *Thank You For Hearing Me*: <tinyurl.com/merci-de-m-avoir-ecoutee>.

À PROPOS DE L'AUTEUR

Jacques-André éditeur
TU, *Lettres de Passion*, 2001 (Prix Laure de Noves)

Éditions de La Hutte
Pour éclairer le chemin, Une approche philosophique de la Franc-maçonnerie, 2011
Vocabulaire de l'apprenti franc-maçon, 2ème édition, 2012
Vocabulaire du compagnon franc-maçon, 2012
Vocabulaire du maître franc-maçon, 2013
Éléments de tracés avec règle et compas, La concordance maçonnique, 2015
Que signifie tailler sa pierre?, 2015

Éditions ledifice.net
Rassembler ce qui est épars, 2020
Vocabulaire de l'apprenti franc-maçon, 3ème édition, 2020
Vocabulaire du compagnon franc-maçon, 2ème édition, 2021

Éditions Ubik
Il était une fois un mythe, Hiram, 2021
La gestuelle maçonnique, 2021

Numérilivre Éditions
Tracés maçonniques, l'esprit de la géométrie, 2022

Éditions Dervy
Dictionnaire vagabond de la pensée maçonnique, 2017 (**prix littéraire de l'Institut maçonnique de France**, catégorie Essais et Symbolisme)
Franc-maçonnerie. Comment passer du profane au sacré, 2023